*Christine Pollok, Kulturschock Islam*

**Christine Pollok**

# *Kulturschock Islam*

Reise- und Verhaltenstips für Frauen
(und deren Begleiter),
die islamische Länder besuchen

**Impressum**

Christine Pollok, <u>Kulturschock ISLAM</u>
© Peter Rump Verlags- und Vertriebsges.mbH, Bielefeld
**ALLE RECHTE VORBEHALTEN**
2. überarbeitete Auflage, 1990 des Titels:
"Zwischen Kuss & Cous Cous", 1986
**Umschlaggestaltung:** Manfred Schömann, Köln
**Inhalt:** Christine Brockmann, Peter Rump, Bielefeld
**Fotos:** Roswitha Gost, Karin Werner, Peter Rump,
Alexander Haselhoff, Dieter Holland, Christine Pollok,
Hans-Günter Semsek, Gunda Urban, Archiv Tüting,
P. Rump
**Sonstige Abbildungen:** Archiv Peter Rump
**Satz:** digitron, Bielefeld
**Druck, Bindung:** Fuldaer Verlagsanstalt GmbH, Fulda

Dieses Buch ist erhältlich in jeder Buchhandlung der BRD,
Österreichs und der Schweiz. Bitte informieren Sie Ihren
Buchhändler über folgende **Bezugsadressen:**

**BRD:** PROLIT GmbH, 6300 Gießen
**Berlin:** Rotation, 1000 Berlin 61
**Schweiz:** AVA-buch 2000, CH-8910 Affoltern a.A.
**Österreich:** Fa. Cura, Beatrixgasse 32, A-1037 Wien

Wer im Laden trotzdem kein Glück hat, bekommt dieses
Buch gegen Voreinsendung von 24.80 DM direkt bei:
**Rump-Direktversand**
Heidekampstr. 18, D-4450 Lingen (Ems)

Der Verlag sucht Autoren für weitere Kulturschock-Bände.
PRINTED IN GERMANY
ISBN 3-89416-164-7

# Inhalt

**weitere Bände in dieser Reihe:**

Kulturschock JAPAN
Kulturschock INDIEN
Kulturschock FRANKREICH
Kulturschock THAILAND

# *Über dieses Buch*

Bevor Du Dich in dieses Buch vertiefst, möchte ich Dir kurz schildern, was Dich erwartet:

Wer ein Patentrezept für eine Reise in den Orient sucht, die auf der einen Seite mit jedem erdenklichen orientalischen Zauber ausgestattet ist und auf der einem andererseits kein Haar gekrümmt wird, der sollte sich lieber in eine gemütliche Ecke setzen, Geschichten aus 1001 Nacht verschlingen und bei dem Geruch von Räucherstäbchen nach einer Fata Morgana Ausschau halten.

Denn, und das wirst Du nach der Lektüre dieses Buches verstehen, konfliktfreies Reisen ist für eine Frau in der islamischen Welt nicht möglich, zu unterschiedlich sind die

Kulturen. Daß Du überhaupt (allein oder in Begleitung) unterwegs bist, ist die eigentliche Provokation; und genau das muß Dir klar sein.

Nun kann und soll aber natürlich nicht Sinn und Zweck dieses Buches sein, Dir nahezulegen, daheim zu bleiben. Ich selbst habe auf meinen Reisen in islamische Länder deren Kultur zu schätzen und mich so zu verhalten gelernt, daß die Begegnung mit den Menschen für beide Seiten (so hoffe ich jedenfalls) eine positive Erfahrung war.

Ich will Dir einen roten Faden anbieten, der Dir Halt geben soll im Wirrwarr der Gassen und der scheinbaren Fremdartigkeit des orientalischen Lebens. Indem Du Dich nämlich vorab darum bemühst, die Menschen und deren muslimischen Alltag zu verstehen, verschaffst Du Dir die besten Voraussetzungen für ein Selbstverständnis, durch das Du spannungsreiche Situationen richtig einschätzen und dadurch dämpfen kannst. Mit anderen Worten: Du selbst kannst der oberflächlichen Haltung vieler Touristen entgehen, die sich selbst stets als Opfer sehen, wenn ihnen etwas Unangenehmes widerfährt. Denn Du bist der Gast, der erst dann die Gastfreundschaft der Besuchten erwarten darf, wenn er sich um Verständnis für Land und Leute bemüht hat und sich dementsprechend verhält.

Dein Frausein verkörpert das größte Konfliktpotential, das Dich auf Deiner Reise anhaltend belasten wird. In meinen Ausführungen geht es mir deshalb darum, Dich auf bestimmte Probleme aufmerksam zu machen, mit denen Du laufend konfrontiert wirst. Denn um sie zu bewältigen, mußt Du sie erst einmal erkennen und verstehen. Ich glaube, daß dies am einfachsten wird, wenn Du Dich vorab mit der Situation der orientalischen Frau beschäftigst, da Du die Wirkung Deines Auftretens erst dann ermessen kannst, wenn Du es mit der Lebensweise der Frauen im Orient in Beziehung setzt. Während das Weibliche dort aus dem öffentlichen Leben verbannt wird, trägst Du es nämlich mit all dem auf die Straße, was sonst mit Mitteln wie Schleiertragen oder Tabus versteckt wird. Wer das weiß, wundert sich nicht über ständiges Ansprechen und Anmachen. Denn Du als Europäerin forderst dies geradezu heraus, da Du als willkommenes Ventil für unterdrückte Sexualwünsche herhalten mußt.

Das Mann Dich nicht konsequenterweise gleich vergewaltigt, liegt daran, daß Du als weiße Touristin einen Sonderstatus einnimmst und Dich trotz der muslimischen Normen in einem Freiraum bewegst. Diesen nicht bis an die Grenzen auszureizen, sondern ihn als "Rettungsring" zu betrachten, dafür möchte ich Dir die Grundlagen anbieten.

Für die Zeit Deines Aufenthaltes übernimmst Du die Verantwortung für das Geschehen, auf das Du allerdings bewußt durch Dein Erscheinungsbild und Deine Handlungsweise Einfluß nehmen kannst. Mit Hilfe dieser Lektüre wirst Du die Konflikte als solche nicht aus der Welt schaffen können, aber deren Auswirkungen berechenbar und erträglich für alle Seiten machen können, ohne Dich dem Gebot zu unterwerfen, durch Abwesenheit keinen Anlaß zu Konfrontation zwischen Männern und Frauen zu liefern. Denn dies würde bedeuten, daß Du zuhause in deinem Kämmerlein bleiben müßtest.

Mir geht es nicht darum, die besonders bei uns Frauen

auf Ablehnung stoßende islamische Männergesellschaft zu kritisieren, das ist Aufgabe der dort lebenden Frauen, vorausgesetzt ihnen mißfällt die Ihnen zugedachte Rolle. Mir geht es darum, den oftmals lediglich aus Unwissenheit und vielfach vermeidbarem Falschverhalten entstehenden Mißverständnissen und teilweise bösen Erfahrungen entgegenzuwirken und mitzuhelfen, Vorurteile abzubauen.

Ich wünsche Dir eine angenehme Zeit und viele gute Erfahrungen, sei es in der Metropole Kairo oder im Nomadenzelt.

# Zwischen Kuss und Cous Cous

*O ihr Frauen des Propheten, ihr seid nicht wie eines anderen Frau. Wenn ihr Allah fürchtet, dann seid nicht zu vertraulich in eueren Reden, damit nicht der nach euch lüstern werde, dessen Herz liebeskrank ist; sondern redet nur so, wie es sich schickt.*

*Bleibt auch wohlweislich (in Würde) zu Hause und mit dem Schmuck aus der früheren Zeit der Unwissenheit schmückt euch nicht und verrichtet das Gebet und gebt Almosen und gehorcht Allah und seinem Gesandten; denn Allah will von euch, weil ihr zu dem Hause des Propheten gehört, alle Unreinheit entfernt und euch mit einer besonderen Reinheit gereinigt sehen.*
*Sure 33, Vers 33 und 34*

## *Gratwanderung zwischen einem orientalischen Märchen und dem Abgrund von Mißverständnissen.*

Die orientalische Lebenswelt übte auf Europa schon immer ihren Reiz aus, indem sie mit Sexualität, Exotik und farbenreichen Phantasien gleichgesetzt wird. In der Zeit der Orient-Welle am Ende des vorigen Jahrhunderts, die mit der Besitznahme Nordafrikas durch die Kolonialmächte einherging, erschloß sich für viele Künstler und Schriftsteller (z.b. Flaubert) ein Gebiet, das mit Illusionen einer Scheinwelt behaftet war. Als europäische Bürger eines "vernünftigen" Zeitalters wandten gerade sie sich dem Orient zu, um dort das Außeralltägliche zu suchen, von dem sie im Unterbewußtsein stark berührt wurden. Die Welt hinter dem Schleier wirkte verboten und verlockend zugleich und weckte ein Bedürfnis nach Eroberung.*

Aus dem Blickwinkel eines von sich selbst entfremdeten Körpers erschien z.B. der orientalische Bauchtanz lasziv, obszön, anmachend, so daß er in dieser Festlegung seinen Einzug in das westliche Nachtleben mit Animiercharakter fand. Neben dieser Verfälschung eines morgenländischen Kulturelements stößt die Sitte des Schleiertragens bis heute auf Unverständnis, ohne daß die geschichtlichen Hintergründe berücksichtigt werden.

Auf Grund der Starrheit religiöser Vorschriften begegnest Du einer Gesellschaft, in der sich seit Jahrhunderten nichts geändert zu haben scheint. Um diese Gegensätze zu un-

---

* Welch lustvollen Phantasien mit Orient assoziiert werden, präsentierte kürzlich eine Ausstellung in Berlin unter "Orient-Okzident".

J.A.D. Ingres
*Das türkische Bad*

serer westlichen Denk- und Lebensweise zu verstehen, ist
es vor Antritt Deiner Reise unbedingt erforderlich, etwas
über die kulturellen Zusammenhänge zu erfahren. Nur so
kannst Du Dein Verhalten danach ausrichten und Vorurteile abbauen.

Die Gratwanderung findet für Dich auf der Straße statt,
wo Du Dich inmitten einer ausgesprochen männlichen Le-

benswelt bewegst. Durch die Art Deines Auftretens löst Du Reaktionen aus, die Dich aus diesem Lebenszusammenhang verstoßen bzw. Dir die Türen öffnen können.

"Zwischen Kuss und Cous Cous" symbolisiert dabei in **Kuss** nicht etwa die vermutete Lippensprache, sondern die vulgäre Bezeichnung für weibliche Genitalien, die als Schimpfwort benutzt wird. **"Cous Cous"** dagegen benennt ein typisch orientalisches Gericht aus Hirse, Gemüse und Fleisch, zu dem man Dich sicherlich einladen wird. Deine Offenheit, Freundlichkeit und Rücksichtnahme auf bestimmte Verhaltensregeln, die in erster Linie Deine äußere Erscheinung betreffen, beeinflussen grundlegend die Reaktion deiner Umwelt.

In Deinem Auftreten repräsentierst Du die weibliche Kraft und Gefahr, die mit allen Mitteln aus dem öffentlichen Leben verbannt wird. Angriffe richten sich dabei nicht gegen Dich persönlich, vielmehr gegen Dein Frausein und Deinen Sex aus der Sicht der patriarchalischen Religion und Ethik. Du unterliegst zwangsläufig der Stigmatisierung des weiblichen Geschlechts, da es die Verantwortung für das Übel schlechthin trägt. Die Einstellung Dir gegenüber bleibt trotzdem zwiespältig, vor allem, weil Du als allein reisende Europäerin den freien Zugang zu sexuellen Erlebnissen verkörperst. Somit fällst Du einerseits mit Deiner Weiblichkeit unter die männliche Vorherrschaft im öffentlichen Leben, andererseits bist Du ein begehrtes Sexualobjekt, auf das unterdrückte sexuelle Bedürfnisse projiziert werden. Als emanzipierte Frau aus dem Westen gehörst Du zu den Klischees, wie sie täglich, selbst in abgelegenen Oasen, über die Mattscheibe flimmern, ohne daß sie von den meisten Menschen und insbesondere den Frauen im täglichen Leben auf ihre Inhalte hin überprüft werden können. Eine gute Möglichkeit, um Dir bereits hier einen Einblick in die islamische Filmwelt zu eröffnen, besteht darin, Dir aus den mittlerweile zahlreichen türkischen Videotheken Filme auszuleihen. Laß die gefühlsbeladene und größtenteils kitschige Inszenierung als eine Scheinwelt auf Dich wirken und bedenke, daß sie dennoch die Phantasien und dadurch den Alltag mit seinen vielfach gesetzten Grenzen beeinflußt.

Im Gegensatz zu Fortschritt und Erneuerung in Europa (z.B. Hexenverfolgung und dadurch vernunftmäßige Säuberung von Tabus und Mythen zugunsten einer modernen Sexualpolitik), liegt der orientalischen Gesellschaft eine im Islam begründete traditionelle Denk- und Handlungsweise zugrunde. Da im 11. Jahrhundert jede weitere Koran-Auslegung und Interpretation zum Stillstand kam, wird eine Anpassung des erstarrten religiösen Denkens an die sich wandelnden sozio-ökonomischen Gesellschaftsstrukturen mit dem Machtwort der Rechtsgelehrten ausgeschlossen. In der fehlenden Trennung von Kirche und Staat bestimmt die Religion seitdem als oberstes Gesetz das Gesellschaftsleben.

Der in der Religion festgelegte Geschlechtergegensatz einschließlich der geschlechtsspezifischen Arbeitsteilung begründet von jeher die Aufteilung in eine männliche und eine weibliche Lebenswelt. Was allerdings zur Zeit Mohammeds die gesellschaftliche Stellung der Frau verbesserte (keine Tötung der weiblichen Nachkommen mehr,

Festlegung der Mehrehe auf nur vier Frauen, Schleier als Schutz und Zeichen der Ehre gegenüber den unverschleierten Tänzerinnen und Sklavinnen), erstarrte in den folgenden Jahrhunderten zu weiblichen Unterdrückungsmechanismen. Der Islam wurde zum obersten Gebot erklärt, zur Grundlage für die Staats- und Rechtsorganisation erhoben und dient seitdem als Legitimation für patriarchalische Herrschaftsstrukturen.

Neben der Mehrheit der nach traditionellen Vorschriften lebenden Frauen, wirst Du auch solche sehen, die sich modern europäisch kleiden und der privilegierten Schicht angehören. Sie leben nebeneinander, unterliegen dann aber bei der Heirat derselben Gesetzgebung, nach der der Ehevertrag nur von einem Heiratsvormund unterschrieben werden darf, der Mann ohne Angabe von Gründen die Frau verstoßen kann und die Frau nur halb so viel erbt wie der Mann. Moderne Entwicklungstendenzen präsentieren sich nur an der Oberfläche, hinter der herkömmliche Verhaltensmuster überwiegen und das Selbstverständnis von Mann und Frau festlegen.

In meinem Reisebericht gehe ich überwiegend von Erfahrungen mit dem einfachen Volk aus und somit von den Wurzeln des islamischen Lebens, fern von den Swimmingpools großartiger Hotelanlagen, an denen wohlhabende Orientalen ein "modern life" demonstrieren.

Sich im voraus mit der Kultur der islamischen Welt zu beschäftigen, heißt, Würde, Schamgefühl, Glaube und Gastfreundschaft zu achten und vor allem, offen für die vielschichtigen Eindrücke zu sein.

# Die islamische Kultur

*Verehrt nur Allah allein und setzt ihm kein Geschöpf zur Seite und seid gütig gegen Eltern, Verwandte, Waisen, Arme, gegen eueren Nachbar, sei er euch nahe oder fremd, gegen euere vertrauten Freunde, den Wandersmann und zu eueren Sklaven; denn Allah liebt nicht Stolze, Prahler und Hochmütige.*

*Nicht Geizige und die, welche auch anderen Menschen Geiz anraten und das verheimlichen, was Allah von seiner Güte ihnen zuteil werden ließ; für Ungläubige ist schimpfliche und schwere Strafe bestimmt.*
*Sure 4, Vers 37 und 38*

*O Gläubige, der Wein, das Spiel, Bilder und Loswerfen sind verabscheuungswürdig und ein Werk des Satans; vermeidet sie, damit es euch wohl ergehe. Durch Wein und Spiel will der Satan nur Feindschaft und Haß unter euch stiften und euch vom Denken an Allah und von der Verrichtung des Gebetes abbringen.*
*Sure 5, Vers 91 und 92*

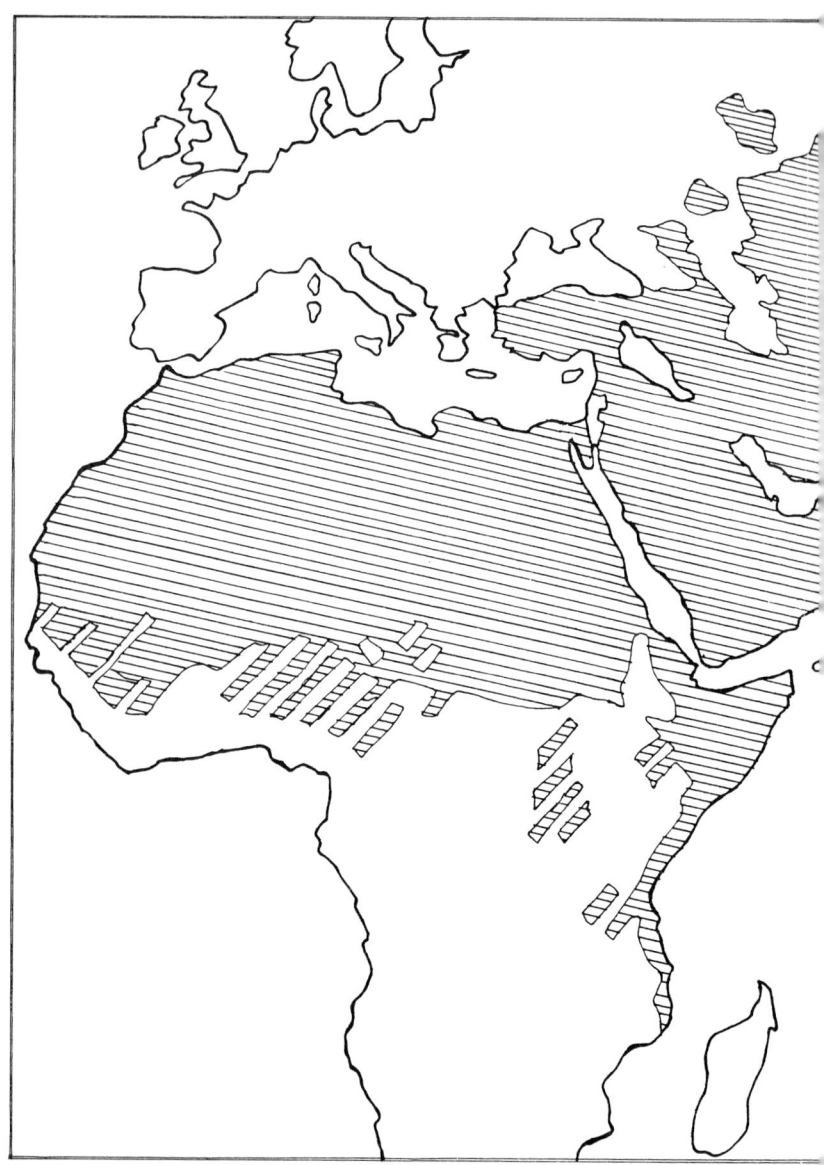

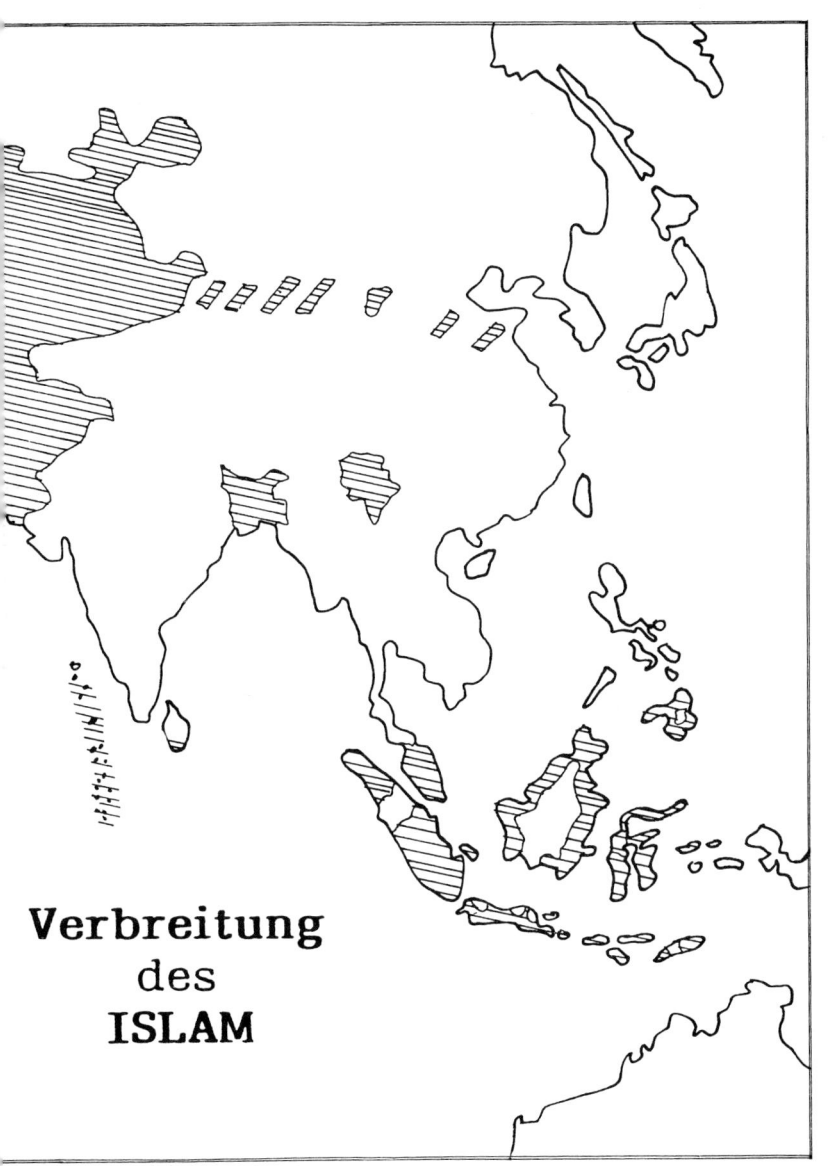

**Verbreitung des ISLAM**

Auf dem Land-, See- oder Luftweg in Nordafrika einzutreffen, heißt, in die Wirklichkeit eines bis dahin noch orientalischen Märchens vorzustoßen. Keine Frau wird wohl ganz blindäugig diese Reise antreten, so daß zumindest die Fantasie und der Zauber aus 1001 Nacht die ersten Schritte begleiten.

Aber es gibt kein Zauberwort wie "Sesam - öffne Dich!", um die Vielfalt des Orients zu entdecken. Kulturverständnis, Einfühlungsvermögen und Selbstbewußtsein für das eigene Auftreten sind notwendige Voraussetzungen, um den Schleier der Eindrücke zu lüften – und die Verschleierung der arabischen Frauen zu verstehen.

Die Länder Nordafrikas setzen sich aus dem Maghreb (Marokko, Algerien, Tunesien), Libyen und Ägypten zusammen. Während die Einflüsse des frz. Kolonialismus im Maghreb Spuren in der Sprache und dem städtischen Alltagsverhalten zurückgelassen haben, tritt Libyen als orthodoxes muslimisches Land auf. Ägypten dagegen bildet die Nahtstelle zwischen Afrika und Asien. Mit seiner altägyptischen Hochkultur nimmt diese Oase am Nil als besonders interessantes Reiseland eine Sonderstellung ein.

Bei allen Ländern handelt es sich um muslimische Gesellschaften, die von den Grundsätzen der islamischen Glaubenslehre geprägt sind. Was dies im einzelnen für Dein Verständnis und Verhalten in jener Lebenswelt bedeutet, will ich im folgenden aufzeigen.

# Religion

## Fundament des Lebens

Mit der arabischen Eroberung Nordafrikas im 7. Jahrhundert breitete sich der Islam aus und bestimmt bis heute weitgehend die Sitten und das Gesetz des muslimischen Alltags. Drei Aspekte verdeutlichen am besten die islamische Regelung des sozialen Lebens. Überall ertönt in bestimmten Zeitabständen der Ruf des *Muezzins* zum Gebet. Was uns Europäern verheißungsvoll und unter einem sternklaren Himmel mitunter märchenhaft anmutet, ist Ausdruck der Verpflichtung zum rituellen Gebet.

Die Sitten haben im Islam denselben Ursprung wie das Gesetz, bzw. stammen sie aus denselben Quellen (Koran, Sunna *(Hadith)*, Konsensus, Analogieschluß). Die einzelnen Teile des Koran wurden von Mohammed (570-632 n.Chr.) in den Jahren 610-632 in arabischer Sprache verkündet. In den ihm zuteil gewordenen Offenbarungen schreibt Gott als oberster Gesetzgeber den Muslimen vor, was sie zu glauben und zu tun haben.

Als nach dem Tod des Propheten die Vorschriften des *Koran* nicht mehr ausreichten, alle strittigen Rechtsfragen zu lösen, besann man sich auf die Überlieferung dessen,

was Mohammed jeweils selbst getan oder gesagt hatte *(Hadith)* und faßte all das im 9.Jahrhundert schriftlich zusammen (Sunna). Mit den wachsenden Gesellschaftsstrukturen reichten auch diese Quellen nicht mehr aus, eine Antwort auf komplizierte Fragen zu geben, so daß die Rechtsgelehrten *(Ulema)* zum **Konsensus** und **Analogieschluß** griffen.

Diese **vier Rechtsquellen** bestimmten von nun an den gesamten Komplex des islamischen Rechts *(sharia)* als ein unabänderliches Gesetz, das bis heute in Fragen des Familienrechts herangezogen wird.

Im 11. Jahrhundert lehnten die mächtigsten Rechtsgelehrten eine weitere Koranauslegung und -interpretation ab, da alle Rechtsfragen durch die vorliegenden Rechtstexte gelöst zu sein schienen. Zu diesem Zeitpunkt fiel der Vorhang für die Weiterentwicklung des religiösen Denkens und damit für die gesellschaftlichen Verhaltensregeln.

Am auffälligsten wirkt die männliche Dominanz in allen Bereichen des öffentlichen Lebens. Die Jungen und Männer auf der Straße und in den Kaffeehäusern scheinen den muslimischen Alltag zu repräsentieren, der sich allerdings zur Hälfte im intimen Bereich des Hauses abspielt. Dort leben die Frauen, die nur zu wenigen Anlässen mehr oder weniger verschleiert die häusliche Umgebung verlassen. In ihrer auf die Außenwelt bezogenen Unscheinbarkeit sind sie Trägerfiguren der männlichen Ehre. Was wir einseitig als weibliche Unterdrückung bezeichnen, beinhaltet gleichwohl ein Machtpotential, dessen Ausmaß subtil und für europäische Eindrücke kaum sichtbar zum Tragen kommt (mehr darüber später). Die Aufteilung der Gesellschaft in Haus und Straße wird kurz und für den gesellschaftlichen Status der Frau folgenschwer **Segregation** genannt.

# Der Schleier

## ursprünglich eine Auszeichnung

Was im Zusammenleben unter den *damaligen* Gesell-schaftsbedingungen förderlich war, erstarrte teilweise zu einer Form, die den heutigen Gesellschaftsstrukturen nicht mehr angemessen ist. So gehört u.a. die Sitte des Schlei-ertragens zu den Relikten einer überlebten Epoche. Um seine eigenen Frauen den Blicken der anderen Männer zu entziehen, verlangte Mohammed einzig für *seine* Ehefrau-en eine vollständige und dezente Kleidung, zumal die Frauen zu seiner Zeit in den Städten freizügig bekleidet gewesen sein sollen.

Was sich anfangs nur auf die Gattinnen der Propheten bezog, wurde immer mehr zum göttlichen Gebot erhoben. Die Sitte des Schleiertragens setzte sich endgültig erst nach Mohammeds Tod durch.

Im Zuge der Islamisierung fremder Völker griffen die Araber auch deren Sitten auf, insbesondere die höfischen Gebräuche der Perser. Verschleierten sich dort die vor-nehmen persischen Frauen, um sich von dem einfachen Volk abzugrenzen, so übernahmen die Araber diesen Brauch für alle arabischen sogenannten freien Frauen, da die Sklavinnen keine Schleier tragen durften. Nach Abschaffung der Sklaverei blieb die Verschleierung erhalten. Aus der freiwilligen Abkehr wurde ein unwiderruflicher öffentlicher Zwang, den man von den Grundlagen des Koran ableitete und gleichzeitig durch ihn absicherte.

# Geschlechtertrennung und Vielweiberei

Ebenso wie das Schleiertragen symbolisierte der *Harem*\* ursprünglich Auszeichnung und Wertschätzung der privilegierten Frauen. Immer mehr nahm aber der Lebensstil der arabischen Oberschicht fremde Sitten an. Die persische Haremsklausur vermischte sich mit der byzantinischen Gewohnheit, von Eunuchen bedient zu werden. Aus einer Mode und dem Zeichen feiner Gesittung heraus wurde das Weibliche nach und nach aus dem öffentlichen Leben entfernt. Betraf diese Absperrung zunächst nur die gesellschaftlichen Zustände der Oberschicht, so breitete sie sich immer mehr als "religiöses Gebot des Koran" auf alle Gesellschaftsschichten aus. Somit verschlechterte sich seit dem 16. Jahrhundert zunehmend die gesellschaftliche Stellung der arabischen Frau durch den Aus-

---

\* *Harem* oder auch *Haram* bezeichnet zum einen den von der Männerwelt abgetrennten Lebensbereich der Frauen. Dieser ist heilig und verboten zugleich für jeden Mann, der nicht zur Welt des Intimen und Geheimen gehört. Zum anderen sind damit auch die für Nicht-Moslems verbotenen Bezirke um Heiligtümer gemeint.

schluß aus öffentlichen Angelegenheiten. Über die Auswirkungen dieser Geschlechtertrennung auf das Verhalten des Einzelnen erfährst Du dort mehr, wo es um das Verhältnis zwischen Mann und Frau und den ihnen zugeschriebenen Lebensbereichen wie Straße und Haus geht.

Die **Polygamie** (Mehrehe) der Nomadenstämme war eine gesellschaftliche Notwendigkeit. Eine reiche Nachkommenschaft sollte den Stamm für seine anhaltenden Blutfehden stärken und den durch Kampfverlust erzielten Frauenüberschuß ausgleichen. Mohammed beschränkte die Mehrehe auf vier Frauen. Er verstand das als eine Maßnahme der Waisen- und Witwenfürsorge zur Zeit der islamischen Eroberungszüge.

Diese gesellschaftlichen Voraussetzungen zur Zeit der damaligen islamischen Gemeinschaft *(Umma)* treffen auf die heutige Situation der arabischen Staaten nicht mehr zu. Durch die zunehmende Bildung und die finanzielle Mehrbelastung einer zusätzlichen Heirat ist der Prozentsatz der Polygamie gesunken. Sie wurde allerdings bis jetzt nicht völlig abgeschafft und tritt noch überwiegend auf dem Land auf.

# Die "Säulen des Islam"

Der bereits erwähnte Ruf des *Muezzin* zum Gebet gehört zu den religiösen Grundzügen des Islam, die die muslimische Alltagspraxis bestimmen. Unter der Bezeichnung **"Säulen des Islam"** versteht man Handlungsweisen, als da sind:

## Rituelle Gebete

Das Gesetz des Koran schreibt fünfmal am Tag rituelle Gebete vor. Dabei werden bestimmte Körperwaschungen und -gesten ausgeführt, wobei sich der ganze Körper mit bedecktem Haupt in Richtung Mekka verneigt. Es sind keine fliegenden Teppiche, auf denen die Männer in der Moschee, auf der Straße oder sonstwo zur Zeit der Gebetsstunde ihre Gebete verrichten, in den meisten Fällen handelt es sich um zusammengerollte Matten und sogar Pappdeckel.

Dieses in der Gemeinschaft verrichtete Gebet hat soziale Bedeutung und Tragweite. Es ist als Anbetungskult **der**

Akt des Volkes, der Nation des Propheten, in dem jeder Einzelne von leichten Sünden gereinigt und dessen Aufnahme ins Paradies gewährleistet wird. Frauen sind dabei kaum zu beobachten, da sie abgeschieden zu Hause beten. In der Moschee wird die Anwesenheit der Frauen zum verpflichtenden Freitagsgebet nur in einer abgetrennten Ecke geduldet, wo sie verschleiert und mit gesenkten Augen am gemeinsamen Gebet teilnehmen. So soll jede Ablenkung der männlichen Gläubigen vermieden werden.

Vielleicht kannst Du jetzt schon ahnen, in welchem Ausmaß die Spannungen zwischen Mann und Frau wachsen je ausdrücklicher sie voneinander ferngehalten werden.

Gebetshaltungen

## Fasten

Der neunte Monat des islamischen Kalenders ist der Fastenmonat *(Ramadan)*. Neben dem Fasten als sozialer Wert soll gleichzeitig an die Herabkunft des Koran erinnert werden. Vom Sonnenaufgang bis zum Sonnenuntergang enthält sich der Muslim von Nahrung, Getränken und Geschlechtsverkehr. Diese Zeit wird als Möglichkeit der Versöhnung angesehen, in der man bemüht ist, Zwistigkeiten auszubügeln. Willst Du Verständnis für die islamische Kultur zeigen, so solltest Du während dieser Zeit *(Sa-Su)* in Anwesenheit von Gläubigen weder essen noch rauchen. So schwer Dir dies auch fallen wird, wirst Du umso erfreuter eine Einladung zum Cous-Cous-Essen *nach* Sonnenuntergang oder für ein Fest am Ende des Fastenmonats annehmen.

## Pilgerfahrt nach Mekka

Eine Pilgerfahrt nach Mekka, der heiligen Gründungsstätte des Islam, ist ein ersehnter Höhepunkt im Leben aller Moslems, die sich aber nur wenige leisten können. Diejenigen allerdings, die nach solch einer Reise in ihr Dorf oder Stadtviertel zurückkehren, genießen hohes Ansehen. Farbenprächtige Zeichnungen an den Häusern der Pilger erzählen von den Reiseerlebnissen und geben Zeugnis von der Pilgerfahrt ab.

Auch hier sind es kaum Frauen, denen solche Ehren je-

traditionelle indonesische Pilgerinnenkleidung

mals zuteil werden, da sie für die Reise die Genehmigung des Ehemannes benötigen sowie seine Begleitung oder die eines männlichen Verwandten. Dies kann erst recht niemand bezahlen! Neben dem Andenken an Abrahams Opfer hat die Wallfahrt Läuterungscharakter, da sie die Sünden tilgt und die Solidarität aller Gläubigen sowie die Einheit des Islam versinnbildlicht. Während alle Pilger in vollkommener Gleichheit unabhängig von Hautfarbe, Rasse, Araber- oder Nichtarabertum zusammenkommen, ist das Betreten des heiligen Bereichs in Mekka für jeden Nichtmuslim bei Todesstrafe verboten.

## Religiöse Steuer und Almosen

Die *sharia* schreibt vor, den zehnten Teil der jährlichen Einkünfte als religiöse Steuer zu stiften. In den meisten islamischen Ländern ist diese Steuerpflicht bereits durch eine staatliche Besteuerung ersetzt worden. Laut Koran bringt das gesetzliche Almosen den Gläubigen den schönsten Lohn im Jenseits und ist Ausdruck der Tugenden der Mildtätigkeit und gegenseitigen Hilfe. Privateigentum ist mit sozialen Auflagen belastet, für die Gott Rechenschaft fordert. Ein weiterer Sinn liegt in der Aufteilung der erwirtschafteten Güter, um sie Gott und der Gemeinschaft der Gläubigen zu übergeben. Wieweit Almosen zur Sozialeinrichtung geworden sind, erfährst Du täglich, wenn Bettler Dir für eine milde Gabe den Segen Allahs mit auf den Weg schicken. Ohne soziale Absicherung sind viele auf Almosen angewiesen.

Andererseits gehören Bettler zu einem regelrechten Berufsstand, dessen einzelne Gruppen sich auf die verschiedenen sozialen Umfelder verteilen. Manche Verstümmelungen wirken menschenunwürdig, stammen aber teilweise daher, daß man bereits kleine Kinder für diese Arbeit "ausrüstet", also verunstaltet.

Von Touristen wird erwartet, daß sie klingende Münzen bereithalten, denn immerhin konnten sie derartige Reisen finanzieren, sind also wohlhabend. Geiz, Arroganz und Überheblichkeit können üble Beschimpfungen auslösen. Das trifft vor allem auf nicht entlohnte kleinste Dienstleistungen zu, wie z.B. die Bereitschaft, für ein Foto oft genug als exotisches Objekt zu posieren. Vergiß nicht, daß die Versorgung der Bevölkerungsmehrheit knapp am Existenzminimum liegt und alle möglichen Erwerbsquellen notwendigerweise erschlossen werden müssen.

Es gehört etwas Einfühlungsvermögen dazu, Situationen nach dem erwarteten Verhalten einzuschätzen und dann so zu handeln, daß beide Seiten versöhnt auseinandergehen. Und sei dies nur das kleine Kind, das fast übersehbar seine Hand nach dem ersehnten Malstift oder Bonbon ausstreckt! Ein warmes, verständnisvolles Lächeln kann zwar sicherlich kein Ersatz für materiell unbefriedigte Bedürfnisse sein, aber zumindest eine spürbare Brücke zwischen Menschen. Andererseits machen sich kleine Kinder einen Spaß daraus, unermüdlich die Touristen am Hemdsärmel zu zupfen, um so die Aufmerksamkeit auf sich zu lenken. Gibst Du dann endlich Bakschisch, so kommt es darauf an, das Maß abzuwägen. Zu wenig kann Enttäuschung oder Ärgernis wecken, zu viel bestätigt das Bild vom Touristen als goldenes Kalb.


## Allgemeine Vorschriften

Während die **"Säulen des Islam"** das persönliche Leben jedes Gläubigen betreffen und ihm seine Pflichten gegenüber Gott und seinen Brüdern vorschreiben, richten sich die **"Vorschriften der Gemeinschaft"** an die Gemeinschaft der Muslime.

Das wichtigste Gebot ist das Bemühen um die Vorherrschaft des Islam, wegen dem Grenzen vorgeschoben oder Ketzer innerhalb der islamischen Gebiete bekämpft werden. Im Laufe der Jahrhunderte kam es oft zum Mißbrauch dieses Aufrufs für Gottes Rechte, um rein politische Zwecke zu verfolgen. In heutiger Zeit ist unter der **"Bemühung auf Gottes Weg"** in erster Linie eine Mobilisierung zur Durchführung großer Aufgaben, wie wirtschaftliche Unabhängigkeit eines Landes, Aufbereitung der arabischen Kultur oder die Weckung eines staatsbürgerlichen Bewußtsein zu verstehen.

Wundere Dich nicht, wenn neben betenden Männern der Verkehr unberührt vorbeifließt oder während der Fastenzeit gegessen und geraucht wird. Wie Du bereits weißt, entstammen die religiösen Vorschriften einer Zeit, in der andere Gesellschaftsstrukturen herrschten und diese Regelungen rechtfertigen. Die technisierte Welt, die Wirtschaft verlangen die Einhaltung anderer Regeln. Dogma und Praxis scheinen in mancher Hinsicht unvereinbar geworden zu sein. Gebote verwässern durch die gesellschaftlichen Erfordernisse unserer Zeit. Dazu gehört auch die Nachlässigkeit insbesondere der jungen Generation gegenüber der Religion. Andererseits ist seit dem 2. Weltkrieg und der Befreiung von den Kolonialmächten eine Reislamisierung zu erkennen, durch die die arabischen Länder die Erneuerung ihrer nationalen Identität anstreben. Die islamische Republik Iran unter Khomenie und die Ermordung des ägyptischen Präsidenten Sadat unterstreichen diese überregionale Ausrichtung auf den Islam. Bestrebungen, an die westliche Lebensweise anzuknüpfen, prallen auf die Vorschriften der Tradition, so daß die Spannungen bis in den Alltag hineinreichen.

Nach all dem, was Du nun über die Lehre des Islam und insbesondere über die Auswirkung auf die Stellung der Frau erfahren hast, wirst Du geneigt sein, diese Grundsätze zu kritisieren oder sogar abzulehnen. Du solltest aber nicht allein in der Religion den Grund für die Unterdrückung der Frau sehen. Vielmehr ist die Religion von jeher ein Mittel, mit dem Herrschende bestimmte gesellschaftliche Strukturen absichern (vgl. die katholische Kirche im Mittelalter, Hexenverfolgung bzw. Pillenverbot heute!)

Zum anderen bestehen innerhalb des muslimischen Normensystems Spielräume, in denen gerade Frauen auf ihre Weise handlungsfähig werden. Während das System nach außen unangetastet bleibt, liegt es in der Hand jeder Frau, was sie daraus macht. Für uns kaum durchschaubar verbinden sich Schein und Sein innerhalb der Doppelmoral, die das tägliche Leben durchdringt.

Die Verschleierung z.B. soll Frauen vor den Blicken fremder Männer schützen, wobei sie gleichzeitig unerkannt umherwandeln können. Diese Möglichkeit wurde nicht zuletzt in den Befreiungskämpfen gegen die Kolonialmächte genutzt, als Frauen unter ihren Umhängen Gewehre und Munition transportierten.

Was Dich betrifft, so solltest Du die Frage der Religionszugehörigkeit mit "gläubiger" Christ beantworten, da Moslems nur Anhänger sogenannter Buchreligionen respektieren. Atheisten sind abzulehnende Ungläubige!

# Stadt und Land

## zwei Welten

Neben den relativ wenigen Stadtbewohnern besteht in den arabischen Ländern die Mehrzahl der Bevölkerung aus Bauern und Nomaden. Die Gegenüberstellung von Stadt und Land ist gleichzusetzen mit dem Gegensatz Fortschritt und Tradition. Die herkömmlichen Sozialstrukturen basieren auf traditionellen Lebensnormen, auf die u.a. Probleme wie wirtschaftliche Unsicherheit, Analphabetentum und Kinderreichtum zurückzuführen sind. Nur eine Minderheit aus der Mittel- und Oberschicht geht einer besseren Ausbildung, Berufsmöglichkeit sowie einem modernen Lebensstil nach. Zumindest äußerlich sind in den Städten Spuren aus der Kolonialzeit sichtbar, was neben dem Baustil der neuen Stadtteile (im Gegensatz zu den alten Vierteln der **Medina**) vor allem an der europäischen Kleidung deutlich wird. Modern gekleidete Frauen hinter Post- und Bankschaltern wirken selbstbewußt und als seien sie auf dem Weg der Gleichberechtigung. Eine genaue Betrachtung entlarvt jedoch den Widerspruch zwischen einem scheinbar selbstbewußten Auftreten in der Öffentlichkeit und der Rolle innerhalb traditioneller Familienstrukturen, in die sie nach Feierabend schlüpfen. Was in unseren Augen unvereinbar ist, gehört für die Frauen zu den beiden Seiten eines Lebens, die ohne bewußte Zwiespälte nebeneinander existieren. Trotz der Tendenzen von Modernisierung bleibt die arabische Frau in ihrem herkömmlichen Frauenbild verhaftet. Das Familienleben verläuft nach Grundzügen wie sie bereits im 18. und 19. Jahrhundert geprägt wurden.

Anders als bei uns begreift sich der Einzelne in der orientalischen Gesellschaft nicht als Individuum, sondern als Bestandteil der Familie, sozialen Gruppe und des Kollektivs. Dementsprechend spielt sich das Familienleben im Rahmen der patriarchalischen Großfamilie nach folgenden Grundzügen ab:

- traditionelle Arbeitsteilung zwischen Mann und Frau
- eheliche Autorität des Mannes
- soziale und wirtschaftliche Abhängigkeit der Frau vom Mann
- weibliche Unterordnung unter die männlichen Familienmitglieder
- Jungfräulichkeitskomplex und Ehrbegriff
- Unmöglichkeit der freien Partnerwahl
- Absperrung (bis hin zur Isolation) der Mädchen und Frauen
- weite Verbreitung des *talaq,* der Verstoßung der Frau
- Gehorsamkeit der Kinder gegenüber dem Vater und den männlichen Verwandten

Das Leben auf dem Land steht in engem Verhältnis zur Natur, die die Grundstoffe für den Lebensunterhalt liefert. Demgegenüber scheint die Stadt bessere Verdienstmöglichkeiten, den sozialen Aufstieg und gerade für die junge

Generation die Abkehr von den traditionellen Normen an-
zubieten. Der Preis dafür ist oft genug Entwurzelung und
Verelendung.

# Mann und Frau

## *zwei Welten*

Das Verhältnis zwischen Mann und Frau wird von den unterschiedlichsten Gefühlen geprägt. Grundsätzlich scheinen beide Geschlechter einem schwelenden Machtkampf ausgesetzt zu sein, in dem alle Beteiligten Opfer eines verpflichtenden Normensystems sind. Mann- oder Frausein heißt, in festgelegten Bildern, Rollen und Lebensbereichen zu existieren, in denen es nicht um die Erfüllung eigener Bedürfnisse geht, sondern um die Einhaltung vorgeschriebener islamischer Verhaltensregeln.

Der Mann verkörpert die Autorität der Familie und die des öffentlichen Lebens. Ihm gegenüber präsentiert sich die Frau als Ehefrau, Mutter und Geliebte. Während sich der Stolz der Familie auf die Söhne richtet, unterstehen heranwachsende Mädchen gehorsam allen männlichen Familienmitgliedern. Ab Beginn ihrer Pubertät wird ihre Keuschheit und Jungfräulichkeit auf das peinlichste bewacht.

Aus archaischer Angst vor dem Weib und ihrer Sexualität wird die Frau zum Schutz des Staatsgefüges aus dem kulturellen Bereich ausgeschlossen. Sie soll unterworfen und in den Haushalt verwiesen werden. Zutiefst geachtete Muttergestalten und ehrsame, keusche und selbst frigide Ehefrauen entsprechen dabei dem Weiblichkeitsideal einer Gesellschaft, die einer Doppelmoral unterliegt:

Auf der einen Seite verkörpern Frauen die beherrschte Natur, auf der anderen Seite die mit Sehnsüchten belegte Sinnlichkeit. Obwohl in der Phantasie begehrt, wird die verführerische Geliebte ohne Maske und Schleier als entehrt und gefallen betrachtet, sobald sie öffentlich die durch die Religion gezogenen Grenzen überschreitet. Rollenvorstellungen und -zuschreibungen dienen der Aufrechterhaltung der geschlechtsspezifischen Funktions- und Arbeitsteilung. Was dies im Einzelnen bedeutet, erfährst Du in den folgenden Beschreibungen der Lebensbereiche von Straße und Haus.

# Straße und Haus

## Öffentlichkeit und Privatsphäre

Die Straße und das Haus spiegeln den Gegensatz zwischen öffentlichem und privatem Leben wider. Während der Mann für die Beziehungen zur Außenwelt verantwortlich ist, repräsentiert das Haus den weiblichen Lebensbereich, in dem sich die Welt des Intimen und Geheimen abspielt. Dieser Bereich ist *haram* (Harem), d.h. heilig und verboten für jeden Mann, der ihm nicht angehört. Die Frau hat hier ihre Existenzberechtigung als Ehefrau, in der Kindererziehung und in der Fürsorge für die Familie, während der Mann die materielle Versorgung übernehmen muß. Aus diesem Grund gilt Frauenarbeit als Zeichen der Armut und bedeutet für den Mann Ehr- und Prestigeverlust. Arbeitende Frauen in gehobenen Positionen laufen Gefahr, aus der Betrachtung von außen an Weiblichkeit zu verlieren, da sie in die männliche Domäne vorgedrungen sind. Beide Resultate werden dazu herangezogen, Frauen den Zugang zu wirtschaftlicher Unabhängigkeit zu versperren. Demgegenüber ist die Frau auf dem Land schon immer als notwendige Arbeitskraft im Ackerbau, der Viehzucht und Weberei tätig gewesen.

Ausgehend vom Nomadentum entwickelte sich die Segregation aus den unterschiedlichen Tätigkeitsfeldern der Geschlechter. Die Weide und die Kriegsführung wurde zum männlichen Handlungsspielraum erklärt. Gegenüber diesem 'Draußen' verrichtete die Frau ihre Arbeit im Zelt und verbrachte ihr Leben im 'Drinnen'. Da sie für das Weben des Zeltes verantwortlich war, kam ihr gleichzeitig eine Machtposition zu, die sie mit der Seßhaftwerdung und dem Leben in festen Häusern als 'Herrin des Zeltes' verliert.

Innerhalb der bäuerlichen Großfamilie verteilt sich in der Notwendigkeit von Arbeitskräften die Arbeit auf beide Geschlechter. Eine Dominanz des Mannes geht von Besitz, Boden und Instrumenten aus, die seine Vormachtstellung absichern.

Obwohl die Frau in der Stadt als Ort des Handels zur Zeit Mohammeds als geschäftsfähig galt, überlagern sich im Verlauf der Jahrhunderte mit der Seßhaftwerdung der Nomaden die Strukturen des Beduinen- und des Händlertums, so daß die Frau immer mehr aus dem öffentlichen Leben verdrängt wird. Die Einflußnahme von Sitten altorientalischer Reiche (Schleier, Harem) tragen zusätzlich zu diesem Ausschluß bei, der auf den Grundlagen des Koran endgültig besiegelt wird.

Auf der Straße bewegt sich die Frau als ein Fremdkörper, der nur unter bestimmten Bedingungen geduldet wird, nämlich verschleiert, als mütterliche Matrone oder letztlich als geächtete Geliebte (Hure).

Deine Reise in den Orient wird in der Öffentlichkeit in erster Linie von der Begegnung mit Männern bestimmt. Deren Lebensbereiche kannst Du beobachten und mit dem in Beziehung setzen, was Du bisher gelesen hast. Ob auf der Straße, in den Kaffehäusern und Restaurants oder im Bazar, draußen schlechthin, wirst Du stets in neugierige, skeptische und fragende Augen schauen bzw. von Jungen und Männern angesprochen werden.

Sie sind es, die nähere Kontakte zu ihren Familien und dem privaten Bereich vermitteln können. Einerseits stellen sie eine potentielle Bedrohung dar, andererseits verhalten sie sich oft ebenso liebenswürdig, hilfsbereit und äußerst gastfreundlich. Versuche, alle Eindrücke und Dich selbst nicht nur aus *Deinem* Blickwinkel zu betrachten, sondern vielmehr auch aus der Sicht des arabischen Zusammenlebens.

# *Soziale Tabus*

Soziale Tabus beziehen sich auf Körper, Sexualität und jede Handlung, die damit in Berührung kommt. Traditionelle Normen schreiben z.B. vor, daß Frauen vor der Heirat keine Männerbekanntschaft eingehen dürfen. Nach islamischem Recht stellt die Ehe einen zivilrechtlichen und von ökonomischen Interessen ausgehenden Vertrag dar. Umarmungen, Küsse und selbst das Händchenhalten fällt mit dem, was wir von der ersten Verliebtheit an miteinander erleben in der arabischen Gesellschaft aus dem Rahmen des Normensystems. Darüberhinaus besteht überhaupt kein Anspruch, Verliebte miteinander zu verehelichen, da sich die Gefühle wirtschaftlichen Vorteilen unterordnen müssen. Liebe zwischen Eheleuten drückt sich dementsprechend in Geschenken und nicht durch Zärtlichkeit aus, da das Zusammenleben nicht auf gefühlvoller Zuwendung basiert und anders als bei uns verstanden wird. Zärtliches Verhalten in der Öffentlichkeit wird als Provokation gegen die herrschende Moral und Sitte verstanden. Die Trennung der Geschlechter verursacht zwangsläufig eine ungestillte Sehnsucht, die ihr Ventil in romantischen

Träumereien und in erotischen Phantasien für eine unerreichbare Geliebte findet.

Das Händchenhalten zwischen Männern dagegen ist keine Seltenheit. Während für uns darin ein Hinweis auf Homosexualität liegt, entspricht diese Geste im Islam einem selbstverständlichen Ausdruck von Freundschaft.

Montag, 16. März 1987

## Groß-Scheich von Kairo erklärt

# Frauen haben Redeverbot Nur Beten ist gestattet

**Kairo** (dpa). Die laute Stimme einer Frau hat denselben Effekt wie ein nackter weiblicher Körper, Bauchtänzerinnen entgehen auch mit einer Pilgerfahrt nach Mekka der Hölle nicht, und wer sich die Haare färben läßt, ist ohnehin dem Teufel verfallen. Diese und andere strikte religiöse und moralische Gebote des Islam erfuhren die Leser der halbamtlichen Kairoer Tageszeitung „Al-Achram" an diesem Wochenende aus berufenem Munde.

„Allah hat den Frauen verboten, ihre Stimme zu erheben, außer für das Gebet oder das Lesen des Korans", entschied er. Eine laute Frauenstimme sei „aura" — ein Ausdruck, mit dem im Islam auch die als unrein geltenden Geschlechtsorgane bezeichnet werden. Gad el Haq, Groß-Scheich der tausend Jahre alten islamischen Al-Azhar-Universität in Kairo und höchste religiöse Instanz für über 600 Millionen sunnitische Moslems in aller Welt, äußerte sich in einem Interview mit dem Blatt ungewöhnlich streng über die korrekten Verhaltensregeln eines guten Moslems. Ausführlich ging der Geistliche auf die Rolle der moslemische Frau ein, die nach seiner Meinung „zu Hause bei den Kindern" sein und besondere Bekleidungs ... sein und besondere Beklei- ... ᵒhriften befolgen ᵐüssen

„Allah hat den Frauen befohlen, ihre Körper von Kopf bis Fuß zu verhüllen, sobald sie erwachsen werden", erklärte er. Das Färben des Haares, zumal wenn es von einem männlichen Coiffeur vorgenommen wird, verurteilte er als besonders verwerflich: „Zur Hölle fährt diese Frau."

Der Scheich widmete sich eingehend der weiblichen Stimme, die nach seinen Worten mit einem nackten Frauenkörper gleichzusetzen sei.

Zufrieden äußerte sich Gad el Haq, der sich für die Einführung des islamischen Scharia-Rechts in Ägypten aussprach, darüber, daß die Immunschwäche Aids keine Gefahr für M ... ns darstellen könne ... schamlose Ehebr...

Keinen BH oder kurze Hosen zu tragen, wird bei den Frauen als unmoralisch angesehen. Das Bein ist vom Knie aufwärts tabu. Auf Männer bezogen heißt dies ebenfalls, nicht mit bloßem Oberkörper oder kurzen Hosen herumzulaufen. Oben-Ohne-Baden, geschweige denn Nacktbaden, ist völlig unmöglich. Das Sonnenbaden selbst stößt auf wenig Verständnis, wird doch die Haut hierzulande aus gesundheitlichen Gründen vor intensiver Sonnenbestrahlung geschützt. So präsentiert sich das Strandleben, wenn überhaupt, als Teil eines modernen Lebensstils der Mittel- und Oberschicht.

Jungen und Männer tummeln sich im Wasser, Mädchen und Frauen sitzen bekleidet unter Sonnenschirmen und erleben entweder gelangweilt oder Süßigkeiten naschend diese übernommenen Maßstäbe des westlichen Wohlstandes. Sollten sie sich mit ihrer als schön empfundenen Leibesfülle dennoch ins kühle Wasser wagen, so nur samt ihrer Kleidung einschließlich Kopftuch!

# *Ehre*

Der Begriff ist eng an die Jungfräulichkeit gebunden. Die Ehre eines Mannes ist stärker vom Verhalten der Frauen in seiner Familie abhängig als von seinem eigenen Tun. Die Last der Ehre tragen in erster Linie die Mädchen, die unberührt in die Ehe gehen müssen. Der voreheliche Verlust der Virginität (Jungfräulichkeit) bedeutet eine fortdauernde Schande, die nur mit Blut getilgt werden kann. Aber nicht der Tod des Täters, sondern der des Opfers kann allein die Familienehre wiederherstellen. Meldungen über sogenannte Selbstmorde geben einen vagen Hinweis auf die damit verbundenen Verbrechen. Eine Flucht der entehrten Frauen endet größtenteils mit Freitod oder Prostitution.

Der Sittenstrenge der Mädchen und Frauen steht eine fast grenzenlose Freizügigkeit der Männer gegenüber. Viele Sexualbeziehungen stärken ihr Selbstbewußtsein und ihren männlichen Stolz, und nur Armut entehrt Männer durch eigene Schuld. Dieser Gegensatz im männlichen und weiblichen Rollenverhalten zeigt sehr deutlich die bestehende Doppelmoral. Bemühen sich Männer eifrig darum, ihre Potenz und ihren Mannesstolz zu überbieten, so bedeutet Sexualität für die Mädchen nur Schande und Erniedrigung. In dem ständigen Drang, eine Frau zu erobern, verbirgt sich eine tödlich werdende Falle für die Frauen, die verheißungsvollen Versprechungen glauben. Die Erziehung der Mädchen ist deshalb darauf ausgerichtet, sie von den Männern und ihren Verführungskünsten fernzuhalten. Erst die Hochzeit ermöglicht ihnen Kontakt mit dem bis dahin unbekannten, anderen Geschlecht.

# Sexualität

## die Last trägt die Frau

Bestätigen sexuelle Erfahrungen den arabischen Mann in seinem Selbstbewußtsein, so verteufeln sie andererseits das Weib als entfesseltes Lustwesen. Diese doppelte Sichtweise begründet die Doppelmoral, zwischen der die Trennlinie von Kultur und Natur, dem öffentlichen und privaten Bereich verläuft.

Während in Europa Frauen durch Hexenverfolgung aus einflußreichen gesellschaftlichen Positionen (z.B Medizin) verdrängt und (u.a. aufgrund ihrer bedrohlichen Sexualität) vernichtet wurden, löst im Orient bis heute jeder Verstoß gegen die Normen und Keuschheitsgebote bestimmte soziale Bestrafungsmechanismen aus (Verlust der Ehre...). Diese unterschiedlichen Tendenzen sind wie folgt abzuleiten:

Im Rahmen eines sich entwickelnden "natürlichen" und als neue Sittlichkeit bezeichneten Sexualverhaltens, wurde die europäische Frau in die Kleinfamilie abgeschoben. Das Hexenbild wandelte sich zu Beginn des bürgerlichen Zeitalters in das Bild der "Frau mit 'perversen' Begierden und 'hysterischen' Anfällen", die in der Irrenanstalt landete. Erst mit dem Bürgertum entstand das Bild der guten Hausfrau an Heim und Herd in Verbindung mit dem bürgerlichen Ideal der Liebesheirat.

Im Orient dagegen gab es schon immer eine Aufteilung in Öffentlichkeit und Privatsphäre. Im Gegensatz zu Europa bedarf es von daher keiner Verdrängung der Frau aus dem öffentlichen Leben durch massive Verfolgung und Vernichtung. Um die Grenze zwischen Haus und Straße aufrechtzuerhalten, müssen jedoch subtile Unterdrückungsmechanismen angewandt werden, die sich in erster Linie gegen die weibliche Sexualität zum Schutz der Männergesellschaft richten. Im Namen der Religion werden Herrschaftsansprüche geltend gemacht und Gesellschaftsstrukturen legitimiert.

Dabei wird nicht die Sexualität an sich angegriffen, da sie für die arabische Gesellschaft u.a. zu den paradiesischen Vorfreuden gehört, sondern der Angriff richtet sich auf die Weiblichkeit als Verkörperung und Symbol für das Chaos und die soziale Unordnung. Die Männer rechtfertigen so den Ausschluß dieses mächtigen Störpotentials aus der Öffentlichkeit und sichern gleichzeitig ihre Vorherrschaft an den gesellschaftlichen Schaltstellen ab.

Die Verteufelung des Weiblichen bezieht sich dabei auf den Begriff *'fitna'*, der untrennbar mit der Frau verknüpft wird. Verstanden als Verführungskunst soll diese Kraft die bestehende Ordnung umstürzen und Aufstand sowie Gesetzlosigkeit auslösen können. Als potentielle Gefahr des Mannes muß die Frau folglich durch frühe Heirat unter seinen Schutz gestellt und in den Bereich der Familie gedrängt werden.

Im Gegensatz zum Mann, der mit Eigenschaften wie *befruchtend, schützend* und mit Männlichkeit als Symbol für *Kraft* und *Prestige* ausgestattet ist, lasten auf der Frau unheilvolle, zerstörerische Kräfte sowie Sexualität, die als Schuld und Schande gelebt wird. Solange die Männer im Rahmen der Religion über Moral und Sitte entscheiden, werden die Frauen als machtvolle Verführerinnen bis hin zur *Beschneidung* ihrer sexuellen Macht beraubt. In weiten Kreisen der Öffentlichkeit unerwähnt, wird die Beschneidung vornehmlich in Ägypten, im Sudan und in Mittelafrika praktiziert (d.h. sie findet sich nicht überall im Islam und wird auch bei verschiedenen nicht-islamischen Völkern vorgenommen). Mit unvorstellbarer Grausamkeit werden die Mädchen an das Weiblichkeitsideal der Gesellschaft angepaßt. Scheingründe wie, die Klitoris verursache Impotenz oder ein Mann gefährde sein Leben, wenn er mit einer nicht beschnittenen Frau schlafe, erinnern an die

Nr. 255   Neue Westfälische

## Grausiges Verbrechen in Isra dunkle Höhle gesperrt und d

**Tel Aviv (dpa).** Eine 31jährige Araberin ist nach 17 Jahren brutaler Gefangenschaft auf dem Grundstück ihrer Familie von ihrem Vater getötet worden. Wie die israelischen Behörden in Ramallah mitteilten, meldete sich der 57 Jahre alte Vater der Frau am Vortag bei der örtlichen Polizei und gestand: „Ich habe meine Tochter geschlachtet ... nehmen Sie mich fest."

Nifa Rassul war von ihrem Vater Mohammed Abdul Rassul 17 Jahre in einer Höhle hinter dem Elternhaus gefangen-

gehalten wo an, er habe Kehle durc er nicht me ge hinnehm sche Zeitu tet, daß sie Alter von

Vorstellung einer 'Vagina dentata' und verweisen auf den Druck, dem die Beschneidung in der Bedeutung einer gesellschaftlichen Integration unterliegt. Diese Maßnahme (*Klitoridektonomie*) wird bis heute in Ägypten praktiziert und noch immer an fast allen Mädchen zwischen acht bis zehn Jahren vorgenommen. Obgleich diese Prozedur ursprünglich nicht zum islamischen Brauch gehört, prägt sie doch den Sittencodex, wie er sich auf Sexualität, Keuschheit, Jungfräulichkeit bezieht.

Die physische Beschneidung setzt sich in der psychischen Beschneidung fort, indem gebildete und selbstbewußte Frauen angegriffen und ihre Männer als Pantoffelhelden ohne männliche Persönlichkeitsstärke dahingestellt werden.

## Weltgeschehen                    4.11.1985

# Frau erst 17 Jahre in
# ¹ vom Vater „geschlachtet"

assul gab ochter die tten, weil die Blama- nen. Arabi- ten berich- ngeblich im mit einem

Jungen eingelassen habe und zur „Strafe" in die enge Höhle eingesperrt worden sei.

Die wegen mangelnder Bewegungsmöglichkeit unterentwickelte und fast blinde Nifa war am vergangenen Dienstag von israelischen Soldaten w...

rend einer Patrouille entdeckt worden. Sie brachten die Frau den Presseberichten zufolge in ein Krankenhaus. Kurz danach habe sie der Vater jedoch abgeholt und wieder in die Höhle versteckt. Einen Tag später stellte er sich der Polizei.

Aus unserer auf Gleichberechtigung angelegten europäischen Sichtweise scheint die arabische Frau hinter dem
Schleier und der häuslichen Mauer zu verstummen. Aber
sie erfährt Anerkennung und Erfüllung innerhalb dieses
Lebensbereichs, auf den sie allein Einfluß nimmt.

Durch die Verteilung der häuslichen Pflichten auf die

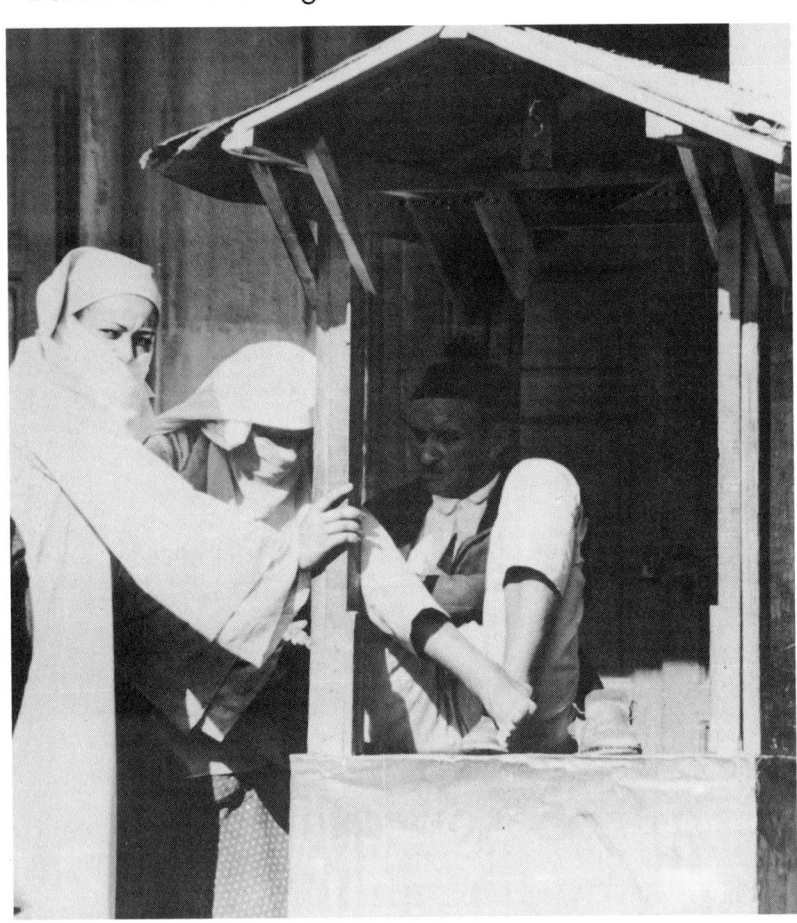

heranwachsenden Töchter bleibt ihr genug Zeit, sich in bestimmten Handlungsspielräumen *innerhalb* des Normensystems zu bewegen. Während die Frauen in Europa als Trägerfiguren von Magie und Naturkräften entmündigt und vernichtet wurden, existieren diese Kräfte im Orient noch. Dort verkörpern Frauen weiterhin die **Analogie zur Natur** und umschließen eine Ganzheitlichkeit, mit der ihr Schoß mit dem Schoß der Erde identifiziert wird. Das Weibliche vermittelt in seiner Fruchtbarkeit die ursprünglichen Kräfte der Natur, in die die Menschen eingebettet sind. Ihr Verhältnis zur Natur ist weder entfremdet noch aufgespalten, sondern wird anhaltend von magischen Ritualen geprägt, die ihren festen Platz im Alltag haben.

Welche Bedeutung die Augen als erogene Zone im Grad ihrer Verführbarkeit haben, umschreibt der Gelehrte Ghazali. Nach seiner Meinung vermitteln die Augen ebensoviel Vergnügen wie der Penis. Ein Mann könne sehr viel Unheil an die Ehre einer Frau heften, wenn er sie anschaut, als ob er mit seinen Händen von ihr Besitz ergreife (natürlich drückt sich darin wieder die weibliche Unterwerfung durch den Mann aus. Daher wird er es sein, der den Augen der Frau nicht widerstehen kann und sich in sie "hineinbohrt"). Als Folge der Verhüllung des weiblichen Körpers konzentriert sich die Begegnung zwischen Mann und Frau natürlich auf die Augen (wo dies möglich ist) und macht sie zum "Schauplatz der Augenblicke".

Du als "moderne Europäerin" trittst also in einem völligen Gegensatz zu den arabischen Frauen auf. Okkzident und Orient unterscheiden sich im Sittencodex insofern, als westliche Gesellschaften in der Erziehung Gebote vermitteln, die es zu verinnerlichen gilt. Demgegenüber werden in arabischen Gesellschaften von außen Verhaltensregeln und Vermeidungsmechanismen aufgestellt, wie z.b. die Verschleierung, um die Frauen den Blicken anderer Männer zu entziehen.

Es geht also nicht darum, sexuelle Bedürfnisse zu unterdrücken, sondern Situationen vorzubeugen, in denen Mann der weiblichen Verführungskunst unterliegen könnte.

Dies kann leicht zu Mißverständnissen führen, denn während für den Orientalen jede sich bietende erotische Situa-

---

## Einschub

Während wir uns in vielfachen Diskussionen über Möglichkeiten der Selbstverwirklichung ergehen, ist die Identität der arabischen Frauen von Geburt an endgültig festgelegt. Trotz dieser aus unserer Sicht beschnittenen Entwicklungsmöglichkeit sind die Mädchen und Frauen vielleicht sogar zu beneiden, da sie ganz in ihrem Dasein aufgehen, ohne intellektuellen Krisen ausgesetzt zu sein. Hinzu kommt die Zugehörigkeit zur Frauengemeinschaft, in der soziale und emotionale Bedürfnisse befriedigt werden und zwar in einem Maß, das innerhalb der weiblichen Solidarität einen ausgleichenden Gegenpol zur männlichen Vorherrschaft aufbaut.

Gleichzeitig wird in dieser Wesensbestimmung aber auch die Stagnation des Bewußtseins deutlich, das kein Hinterfragen der Lebenssituation zuläßt. Trotz verschiedener Bemühungen der hauptsächlich ägyptischen Frauenbewegung, betreffen Veränderungen im gesellschaftlichen Status der Frau überwiegend die Minderheit der Mittel- und Oberschicht, der gegenüber die ländliche Bevölkerung in althergebrachten Verhaltensmustern verharrt.

So wiederholen sich viele Gespräche mit denselben Fragen und

---

tion ausgelebt werden kann, bist Du Dir nicht bewußt, daß Du äußerlich aus orientalischer Sicht eine sexuelle Anziehung ausübst – und sei dies nur für Augen-blicke! Die beste Möglichkeit, Dir in diesem Bereich einen Schonraum zu schaffen, besteht im Tragen einer Sonnenbrille! Mit anderen Worten: aus Deinem Verhalten und Deiner äußeren Erscheinung ergibt sich das Verhaltensmuster Deiner Umgebung, was in diesem Fall die Reaktionen der Männer betrifft. Indem Du die orientalische Männerwelt betrittst, trägst *Du* die Verantwortung für den Verlauf der Situation, in die Du Dich hineinbegibst.

Antworten, die lediglich den existenziellen Alltag beschreiben und keinen Blick in die ganz persönliche Betroffenheit zulassen. In der Enge des Zusammenlebens, sowohl innerhalb der Großfamilie als auch auf der Straße, erscheint eine Selbstfindung zu eigenen Bedürfnissen unmöglich zu sein. Bei den meisten Unterhaltungen solltest Du Dir vor Augen halten, daß die Sorge um das alltägliche Existenzminimum, die fehlende Möglichkeit eines persönlichen Rückzugs und die erdrückenden traditionellen Strukturen eine weitreichende Bewußtseinsentwicklung hemmen bzw. verhindern. Für die Mehrheit der Bevölkerung sind von daher nur (für uns) vordergründige Fragen von Bedeutung, die oft anstelle des realen Vorstellungsvermögens einem materiellen Wunschdenken entsprechen, das durch die Medien provoziert wird.

Für sie bist Du ein Teil dieser unerreichbaren Scheinwelt, in der man sich Luxus, Komfort und **Reisen** leisten kann! Gerade die jungen Männer träumen davon, fortzugehen, genügend Geld und Arbeit zu haben, um sich dem Druck der patriarchalischen Familie zu entziehen. Auf Grund fehlender Vergleichsmöglichkeit wissen sie nicht, daß sie sich am Bild einer Illusion orientieren, die z.B. nur in der Werbung existiert oder in der Ausnahmesituation des Tourismus.

# Heirat, Ehe, Scheidung

## Himmel oder Hölle?

Nach wie vor sind Liebesheiraten die Ausnahme, denn die Eltern oder die Familie trifft die Auswahl des Partners. In fast allen Fällen spielen die weiblichen Verwandten des zukünftigen Ehemannes eine wichtige Mittlerrolle für das Zustandekommen der Heirat. Da der Mann mit dem ausgesuchten Mädchen selbst nicht in Kontakt treten kann, läßt er es durch seine Mutter oder Schwester begutachten und beschreiben. Früher war dies die Aufgabe einer Heiratsvermittlerin, die über Aussehen, Gesundheitszustand, Leumund, Bildung und Charakter Nachforschungen anstellte.

Die Schönheit des weiblichen Körpers wird dabei wie bei einer Ware betrachtet, deren Preis sich bei den Heiratsverhandlungen zeigt. Nach der Brautschau durch die weiblichen Verwandten (Badehäuser eignen sich besonders gut dafür), einigen sich beide Familien über die Höhe der Mitgift und das *mahr* (Brautgeld), das der Bräutigam der Braut zu zahlen hat. Sowohl der Brautpreis, als auch ein Goldschmuck in Form von Ohrringen, Armbändern, Halsketten bieten im Fall einer Scheidung oder des Todes des Ehemannes eine finanzielle Absicherung für die Frau. Als rituelle Gabe stellt er gleichzeitig ein ökonomisches Band zwischen den beteiligten Familien her, festigt vorliegende Verwandtschaftsbindungen zwischen Gruppen und dient zum Aufbau neuer, erweiterter Beziehungen.

Die Eheschließung stellt einen zivilrechtlichen und nach wirtschaftlichen Gesichtspunkten ausgerichteten Vertrag dar, dem keine sakrale Bedeutung zukommt. Da es in erster Linie nicht um die Beziehung zweier Menschen geht, spielen Gefühle keine Rolle. Der Sexualität einerseits und der Liebe als Ausdruck rein geistiger Gefühle andererseits entspricht die Trennung von Körper und Geist. Der Eheschließung liegt demnach die Befriedigung sexueller Bedürfnisse zugrunde, wogegen die träumerische Liebe darüberhinaus mit Freiheit, Phantasie und verklärten Gefühlen verknüpft wird.

Die Heiratszeremonie selbst beginnt mit einer Koranrezitation, nachdem das Einverständnis zwischen dem Bräutigam und dem Vertreter der Braut verbindlich ausgesprochen wurde. Erst dann erfolgt die Vorbereitung für die erste Begegnung der Brautleute, wobei vor allem die Braut in aller Feinheit für die Männerwelt präpariert wird: u.a. Baden, Parfümieren, Entfernen der Körperbehaarung, Ankleiden und Schmücken, Färben der Augenlider mit schwarzem *Kajal* bzw. der Hände mit rotem *Henna* (Ornamente). In einem Brautzug wird die Braut dann mit ihrer Aussteuer in das Haus des Bräutigams geführt, wo das Festmahl stattfindet. Tanz, Gesang und die schrillen Freudentriller der Frauen zwischen den Trommelklängen verkünden das Fest weithin. Den Höhepunkt der Zeremonie bildet die

Brautnacht, in der der Beweis für die Jungfräulichkeit erbracht werden muß. Oft wird den Gästen das Bettlaken als Beweisstück für die Unberührtheit vorgelegt und damit die Ehre der Familie öffentlich bekundet. (Dies ist nicht typisch islamisch, auch bei uns war dieser Brauch im vergangenen Jahrhundert in einigen Gegenden noch bis vor 1, 2 Generationen üblich.)

Aus unserer Sicht mag der Kult der Jungfräulichkeit wie ein Trauma wirken, doch ist unsere "Hochzeit in Weiß", wie sie vor allem in katholischen Gegenden bis heute gefeiert wird, in der symbolischen Aussage ähnlich.

Die Übernahme häuslicher Aufgaben, der Gehorsam dem Ehemann gegenüber und das Gebärvermögen garantieren der arabischen Frau von nun an ihre gesellschaftliche Anerkennung. Die Ehe, das Haus und die Familie bilden das ihr zugeschriebene Wirkungsfeld sowie sozialen

Schutz. Dieser kann allerdings vom Mann durch die dreifache Formel *"Ich verstoße dich!"* (Talaq) jederzeit aufgelöst werden. Durch die Angst vor der Scheidung wächst daher die Bereitschaft der Frau, ihre weibliche Rolle zufriedenstellend auf sich zu nehmen. Versucht eine Frau, alleine zu leben, stößt sie auf die bittersten Vorurteile, da sie gesellschaftlich als geschiedene Frau für gescheitert betrachtet und nicht akzeptiert wird.

Einem Mann ist die Heirat von bis zu vier Frauen möglich. Mehr Arbeitskräfte, weitreichende verwandtschaftliche und wirtschaftliche Beziehungen sowie eine abgesicherte Altersversorgung durch Kinderreichtum und schließlich ganz einfach die Lust auf andere Frauen sind heute einige Gründe für die Polygamie.

Aber nur wenige Männer können sich heute noch die finanzielle Belastung beim Zustandekommen einer Mutehe leisten.

Gegenüber der Ehe, die in der Gegenwart bei uns zu einer Privatsache geworden ist, mag die Heirat im Orient gefühllos erscheinen. Doch was uns unterscheidet, ist wohl eher die zeitliche Abfolge, in der sich Liebe und Ehe entwickeln. In unserer Heiratsideologie ist die Liebe zweier Menschen als Voraussetzung *vor* der Ehe üblich, in der arabischen Gesellschaft kann sie sich in der Annäherung zweier Menschen auf den Grundlagen des Alltags entwickeln. Was bei uns unter vielerlei Ansprüchen leicht zerplatzt, entpuppt sich dort vielleicht zu einem verspäteten Liebesglück!

# Kinder

## *Söhne müssen es sein*

Der eigentliche Reichtum und somit das gesellschaftliche Ansehen besteht als Ausdruck von Allahs Segen im Kinderreichtum. Erst Kinder und viele Nachkommen erweitern und verfestigen die Arbeits- und Wirtschaftskraft des arabischen Familienverbandes und garantieren die Altersversorgung. Aus diesem Grund gehört die Kindererziehung neben der Haushaltsführung zu den wichtigsten Funktionen der arabischen Frau. Während die Geburt eines Sohnes Freudenschreie auslöst, wird ein zur Welt kommendes Mädchen lediglich geduldet. Auf die Tochter richten sich lebenslang gesellschaftliche Aggressionen und die Angst des Vaters um die Familienehre. Je älter das Mädchen wird, umso mehr beschränkt sich seine weibliche Bewegungsfreiheit, bis es aus der Obhut der männlichen Familienmitglieder unter den Schutz des Ehemannes gestellt wird. Gegenüber den Söhnen als kleine Prinzen und Augäpfel der Familie, werden die Töchter zu Dienerinnen erzogen, die sich in der Regel zu Beginn der Pubertät von der schulischen Erziehung abwenden müssen. Mit zunehmendem Alter und der Anzahl der **Söhne** wächst die Stel-

lung der Frau in der Familie. Von Kindesalter an entwickelt sich eine hingebungsvolle Zuneigung zu den Söhnen, so daß die Liebe und der Respekt eines Mannes gegenüber seiner Mutter bezeichnend sind. Und genau hier liegt die Voraussetzung für die wachsende Einflußnahme der älter werdenden Frau in der Rolle der Schwiegermutter, da sie sich so aus dem Herrschaftsverhältnis lösen kann, das alle weiblichen Familienmitglieder den Männern unterwirft. Gerade gegenüber der Schwiegertochter bringt sie diese Machtansprüche zur Geltung. Die Schwiegertochter wird nun zum Ventil für die jahrelang selbst erfahrene Unterordnung.

Parallel mit ihrer verblassenden Schönheit und durch die unter Beweis gestellte Fruchtbarkeit wächst ihr Einfluß innerhalb des engen Familienlebens in den kleinen Gassen. In der Geschwätzigkeit und dem Tratsch wird ihr so in dem letzten Drittel ihres Lebens als entsexualisiertes Wesen ohne verführerische Reize ihre Funktion im Mitspracherecht zugestanden.

Mädchen und Töchter hingegen müssen bis dahin auf tiefe emotionale Zuwendung verzichten, da zärtliche Bedürfnisse und Sehnsüchte kaum ausgedrückt werden. Liebevoller Umgang findet nur im Verhältnis zu den Söhnen und den noch kleinen Töchtern statt. Die arabische Musik liefert ein gutes Beispiel für diese sehnsuchtsvolle Lebensbestimmung. Sie weckt durch den Rhythmus Leidenschaft, ohne sie zu befriedigen.

In den Liedern der weithin bekannten Sängerin Umm Khutum entlädt sich die Melancholie des arabischen Liebesdramas und bietet sowohl Trost als auch Ersatz für das Gefühlsdefizit der orientalischen Wirklichkeit an.

# *Freizeit*

Freizeit ist ein soziales Programm, das erst mit der Industrialisierung auftaucht. Während es in der vorindustriellen Zeit keine Trennung von Arbeitsplatz und Wohnen gibt, entsteht der Begriff Freizeit, nachdem Arbeits- und Wohnort nicht mehr identisch sind und die Intensivierung der Arbeit einen Gegenpol fordert. Zum einen dient die Freizeit der fast ausschließlichen körperlichen Wiederherstellung. Zum anderen verweist der Freizeitbegriff auf die Sinnentleerung und den Zwangscharakter der Arbeit, die nicht mehr der Freude, sondern überwiegend dem Gelderwerb dient. Ziel unserer kapitalistischen Gesellschaft ist u.a. dabei, durch einen eigenständigen Freizeitraum zu hohem Konsum zu (ver-) führen.

Die Arbeitszeit der Menschen in den vorindustriellen Ländern bzw. in den Agrarstaaten wird nach wie vor durch den *natürlichen* Tages- und Jahresrhythmus bestimmt, ohne mit zunehmender Technisierung von der Arbeit zu entfremden. Gespräche und Spiele (z.B. Brettspiele in den Kaffeehäusern) nehmen im Orient großen Raum in einem Leben ein, das sich jeweils in den Männer- und Frauengruppen als gesellig erweist.

Dient die Zuteilung der arbeitsfreien Zeit bei uns zum einen zum Ausgleich von Stress, so soll sie zum anderen mehr Gelegenheit für den Waren- und Medienkonsum eröffnen. Freizeitpädagogen nehmen bei uns die Freizeitmenschen an die Hand, um ihrem Leben einen "höheren" Sinn zu verleihen. Die Trennung zwischen Arbeit und neuen Arbeits- und Konsumsituationen in Hobbykursen verwischt sich jedoch leicht und stellt diese Sinngebung in Frage. Der Freizeitbegriff charakterisiert also u.a. die Lebensweise der modernen Gesellschaft, deren Lebensunterhalt ausreichend abgesichert ist.

Im Gegensatz dazu verläuft das Leben in den arabischen Ländern nach traditionellen Gesichtspunkten und in der Sorge um die Abdeckung des Existenzminimums. Mit der Welle des Massentourismus' haben sich die Menschen an die Reisenden aus den Wohlstandsländern gewöhnt, die es sich leisten können, ferne Gebiete in ihrer besonderen Art zu erobern. Die damit verbundenen Verdienstmöglichkeiten und Erwerbsquellen verändern bestimmte soziale Strukturen. Nur die Oberschicht kann es sich leisten, europäisches Freizeitverhalten zu kopieren, mit dem sie ihre moderne Lebenseinstellung zur Schau trägt. Der Kontakt zu Dir als "moderne Europäerin" liefert ebenfalls ein Aushängeschild von Modernität, was allzu gerne auf Photos festgehalten und somit bewiesen wird. Obwohl das Sonnenbaden außerhalb der Badezentren unmöglich ist, da es ja als Herausforderung verstanden wird, bist Du innerhalb von Strandghettos eine begehrte Ansprechpartnerin. Dies erleichtert Dir den Zugang zu den Menschen und wird anfangs sicherlich dankbar als auch belustigend empfunden. Es kann aber schnell das Maß des Erträglichen überschreiten und kostet einige Konzentration und Mühe, um beim Versuch, alleine zu sein, sowohl die Miene zu wahren, als auch unliebsame Kettenreaktionen nicht zu verhindern oder Vorurteile der Überheblichkeit nicht zu bestätigen. Grundsätzlich sollte Dich allerdings die Gesprächsbereitschaft und die Unmenge an freier Zeit der Menschen erfreuen, weil sie Dir anhaltend die Tür zu Land und Leuten öffnen.

# Das Frauenbild
# aus arabischer Sicht

*Männer sollen vor Frauen bevorzugt werden (weil sie für diese verantwortlich sind), weil Allah auch die einen vor den anderen mit Vorzügen begabte und auch weil jene diese erhalten. Rechtschaffene Frauen sollen gehorsam, treu und verschwiegen sein, damit auch Allah sie beschütze. Denjenigen Frauen aber, von denen ihr fürchtet, daß sie euch durch ihr Betragen erzürnen, gebt Verweise, enthaltet euch ihrer, sperrt sie in ihre Gemächer und züchtigt sie. Gehorchen sie euch aber, dann sucht keine Gelegenheit, gegen sie zu zürnen; denn Allah ist hoch und erhaben.*
*Sure 4, Vers 35*

Zusammenfassend möchte ich nochmals die wesentlichen Gesichtspunkte nennen, unter denen sich arabische Männer und Frauen begegnen. Innerhalb der **patriarchalischen** Großfamilie nehmen die Mädchen die unterste Rangordnung ein. Während sie zu jungen Frauen heranwachsen, repräsentieren sie durch ihre Keuschheit und Jungfräulichkeit die Familienehre. Kontakte zu Männern finden mit Beginn der Pubertät nur im Kreise der Familie statt, so daß die Mädchen nicht einmal Gelegenheit hätten, sich zu verlieben. Die Ehe wird dementsprechend nicht aus gefühlsmäßigen, sondern aus wirtschaftlichen Gründen geschlossen, die über die Zweierbeziehung hinausreichen und damit den Interessen der Großfamilie entsprechen. Für die Frauen heißt dies, aus der Aufsicht der Brüder dem Gehorsam des Ehemannes unterstellt zu werden.

Neben der Möglichkeit einer sich langsam entwickelnden Liebe zwischen den Ehepartnern bleiben Gefühle ausgespart bzw. wandern sie in den Bereich der Phantasie und Wunschbilder ab. So stellt sich die Frage, mit welchen Inhalten Liebe in den verschiedenen Gesellschaften definiert wird. Liebe als bürgerliches Ideal der Kleinfamilie, als bedingungslose Hingabe, als Forderung nach Verzicht der eigenen Bedürfnisse? – Liebe, wie auch immer, richtet sich wohl neben der Legitimation gesellschaftlicher Strukturen ebenso auf Mangel und Erfüllung in jedem Menschen selbst. Zu beachten bleibt, daß wir unter Liebe teilweise sicherlich etwas anderes verstehen als die Menschen in anderen kulturellen Zusammenhängen, so daß wir dies für das Verständnis gegenüber des sozialen Zusammenlebens berücksichtigen müssen. Das Maß der

Liebe wird in der arabischen Gesellschaft danach bemessen, was der Mann für seine Frau materiell und finanziell übrig hat. Das Portemonnaie legt den sozialen Status der Frau fest. Ihr Ansehen wird durch ihren Mann bestimmt. Zeigt ein wohlhabender Ehemann z.B. keine Ambitionen, eine Mehrehe einzugehen, so erhöht dies die Ehre der Frau, scheint sie doch ihren Mann vollends zufrieden zu stellen.

Auf der Grundlage des islamischen Normensystems legen soziale Tabus die Verhaltensweisen von Männern und Frauen fest, denen ganz bestimmte Lebensbereiche zugewiesen werden. Spielt sich das Leben der Männer in der Öffentlichkeit ab, so verläuft der Alltag der Frauen in der Sorge um die häuslichen Pflichten. Ihre Anwesenheit auf der Straße wird nur unter der Voraussetzung geduldet, daß sie erotische Situationen und dadurch Chaos verhindern. So sehr die Sexualität als gesellschaftlicher Störfaktor öffentlich unterbunden wird, desto dringlicher fördert sie lustbetonte Gedanken und Tagträume. Unter diesem Gesichtspunkt ist zu erkennen, daß der arabischen Frau an sich mächtige und einflußreiche Eigenschaften zugesprochen werden, die um jeden Preis von der Öffentlichkeit ferngehalten werden müssen.

Diese gesellschaftlich verordnete Handlungsunfähigkeit ist nur eine Seite, von der aus wir die arabischen Frauen betrachten und einseitig aus der Sicht der Männer kennenlernen. Ihre Kraft und Stärke wird unterdrückt bzw. in den häuslichen Bereich und die Frauengruppe umgelenkt. Solange sich die Frauen normengerecht verhalten und ihre Weiblichkeit durch die Geburt zahlreicher Nachkommen bestätigen, eröffnen sich ihnen dennoch auch Handlungs-spielräume. Der Austausch von Neuigkeiten in den Gassen der Wohnviertel, der gleichzeitig der sozialen Kontrolle des Lebenswandels ihrer Bewohner dient, ist ein Beispiel für die weibliche Einflußnahme aus dem Hintergrund des orientalischen Lebens. Ohne Zweifel wird die arabische Frau in ihrem Mitspracherecht und gesellschaftlichen Bewußtsein beschnitten, jedoch laufen wir leicht Gefahr, ihr jegliche Entfaltungsmöglichkeiten abzusprechen, weil uns u.a. die Solidarität und Erfahrung in der Frauengemeinschaft fehlt. Sobald Du in ihr aufgenommen bist, brauchst Du keine weiteren Tips für Verhaltensweisen.

Darum zurück auf die Straße, dem Ort, wo Du Konflikten und Mißverständnissen ausgesetzt bist. Die Trennung zwischen den Männer- und Frauenwelten spiegelt die Abgrenzung des männlichen vom weiblichen Wesen wieder, die sich einander fremd sind. Die Aufmerksamkeit der Männer richtet sich dementsprechend nur auf die weibliche Oberfläche, die Körperhülle, als das, was sie meßbar erfahren können. Maßstäbe wie "jugendliche Unberührtheit" und "Schönheit" machen die Frauen begehrenswert. Dies umso mehr, je ausdrücklicher der Kontakt zwischen den Geschlechtern unterbunden wird. Sexualität wird zum Brennpunkt des täglichen Lebens und zum Mittel, unterdrückte Lust auf Kompensationsmöglichkeiten zu lenken. Werbung z.B. bedient sich nur allzu gern sexueller Reize, um den Verkauf von Konsumgütern zu fördern und mit Hilfe der Doppelmoral den Profit der Besitzenden zu vermehren. (Wenn diese Werbestrategie selbst bei uns trotz sexueller Offenheit noch wirksam ist, dann kannst Du Dir vorstellen, wie sehr sie mit ihren animierenden Auslösern als "Oase in der Dürre" ungestillter Bedürfnisse wirken muß).

Mit den Mitteln westlicher Freizügigkeit wird in der Reklame für einen Lebensstandard geworben, der an den Bedürfnissen der Bevölkerungsmasse vorbeigeht. Vor dem Hintergrund einer traditionellen Lebensweise tauchst Du als die Verkörperung dessen auf, womit in der Werbung unausgelebte sexuelle Energien in den Warenkauf umgeleitet werden sollen.

Als wandelndes Lustobjekt solltest Du Dir bewußt darüber sein, daß jede Anmache eine Reaktion auf Dein Eindringen in eine Welt ist, in der Du faktisch keine Daseinsberechtigung hast. Behaftet mit Phantasiegebilden wirst Du zum Angriffspunkt, um in Beschlag genommen zu werden und die Befriedigung verschiedenster Bedürfnisse zu garantieren.

# Das Frauenbild der Werbung

Die Werbeplakate liefern den weiblichen Prototyp der modernen Lebensweise und präsentieren dementsprechend unverhüllte Frauen, um den Absatz zu fördern. Während sich Millionen von Armen nicht einmal das Nötigste an Nahrung, Kleidung und Unterkunft beschaffen können, wird die Aufmerksamkeit auf die farbenfrohen Reklametafeln gezogen, auf denen Situationen den alltäglichen Normen widersprechen. Die sinnliche und gefühlsmäßige Befriedigung wird im öffentlichen Alltag zur Sünde und zum Laster erklärt, doch ungeachtet dessen setzt sich die kapitalistische Produktion über die Normen und Werte hinweg, mit dem Ziel, die Produkte zu vermarkten. Sexualität und Frauen werden zu den wichtigsten Motiven in der Werbung, wo sie auf dem Boden orthodoxer Religionsgesetze eine Ventilfunktion für aufgestaute Gefühle und Sexualphantasien übernehmen. Die sexuelle Unfreiheit trägt dazu bei, daß sich die Menschen in Gedanken erst recht mit Sexualität beschäftigen und durch subtile Anspielungen auf erotische Situationen zum Konsum als Ersatzbefriedigung geführt werden. Die Tradition und das Streben nach kapitalistischem Profit erscheinen als Widerspruch, der sich aber wechselseitig bedingt. Je starrer die Verhaltensregeln eingehalten werden, umso mehr wächst das Bedürfnis nach einem Ventil. Je ausschweifender die Werbeplakate das traditionelle Leben gefährden, umso lauter wird die Forderung nach der Erneuerung orthodoxer Werte. Am deutlichsten sind diese Spannungen in den Haupt- und Großstädten zu spüren, da dort die unterschiedlichsten Einflüsse aufeinandertreffen. Auf dem Land prägen zwar noch althergebrachte Sitten das tägliche Treiben, doch wächst auch dort die Einflußnahme dessen, was über den Bildschirm in diese Lebenswelt eindringt. Der Weg dieses Bilderspektakel in das Bewußtsein der Landbevölkerung dauert länger, verwirrt und stiftet ein Umdenken zwischen noch stärkeren Kontrasten an.

Als Europäerin verkörperst Du einerseits die angestrebten Werte und Normen einer modernen Lebensweise, andererseits widersetzt Du Dich mit Deinem Auftreten den traditionellen Lebensgrundsätzen. Du läufst Gefahr, als erotisches Objekt im wahrsten Sinne des Wortes angegriffen bzw. in Deinem gleichberechtigten Auftreten als vermännlicht betrachtet zu werden.

Aus diesem Vorurteil, aber auch aus Unsicherheit heraus, werden die ersten Begegnungen eher Aggressionen und Abwehr hervorrufen. Doch solltest Du versuchen, Deine weiteren Reaktionen nicht aus einer Verteidigungshaltung heraus, sondern aus dem Verständnis für die arabische Kultur abzuleiten.

# Frau allein, Frau mit Mann

## die Unterschiede

Da es in der arabischen Welt unvorstellbar ist, allein als Frau herumzureisen, solltest Du Dich durch eine "Verlobung" schützen, weil sie eine günstige Zwischenlösung anbietet. Mit einem Freund oder mehreren Leuten zusammenzuleben oder alleine zu wohnen, wird weder verstanden noch akzeptiert. Ebenso die Vorstellung, zwar verheiratet zu sein, aber keine Kinder zu haben (was aus arabischer Sicht den Lebenssinn verfehlt). Dann noch auf eigene Faust zu reisen, ist einfach unmöglich!

Je jünger Du bist, umso mehr rückst Du in den Mittelpunkt der männlichen Betrachtung, die sich auf Deine Jugend, Schönheit und Dein auszuschöpfendes Gebärvermögen richtet. Du bist in den Augen der Männer ein "Weib", das begehrt wird und das sich doch zum eigenen Schutz soweit in Kleidung und Verhalten neutralisieren muß, damit es nicht angegriffen und der männlichen Lebenswelt unterworfen wird. In Begleitung mit einem Mann zu reisen, unterstellt Dich seiner Schutzherrschaft und Ehre, was Dich aber nicht endgültig vor Annäherungen schützt. Diese erfolgen nur weniger massiv, da sie sofort

die männliche Ehre betreffen und Konflikte zwischen gleichen Gegnern heraufbeschwören. Aus orientalischer Sicht
mußt Du Dich natürlich Deinem Freund/Mann unterordnen
bzw. wird er stets nach der Anzahl der Kamele gefragt,
durch die Du verkauft werden und den Besitzer wechseln
könntest. In Gesprächen mit Einheimischen gebt ihr am
besten vor, verheiratet zu sein.

# Der Reisealltag

## zwischen Anmache und Einladung

*O Gläubige, geht in kein Haus, außer in eueres, ohne zuerst um Erlaubnis gefragt und seine Bewohner begrüßt zu haben. Es ist gut für euch, dieser Mahnung eingedenk zu sein.*
*Sure 24, Vers 28*

*Geh auch mit Anstand einher und sprich mit sanfter Stimme; denn die häßlichste aller Stimmen ist die Stimme des Esels.*
*Sure 31, Vers 20*

*Sage, Prophet, deinen Frauen und Töchtern und den Frauen der Gläubigen, daß sie ihr Übergewand[46] (über ihr Anlitz) ziehen sollen, wenn sie ausgehen; so ist es schicklich, damit man sie als ehrbare Frauen erkenne und sie nicht belästige.*
*Sure 33, Vers 60*

# Die Anreise

## Kulturschock verhindern

Wenn Du das erste Mal in den Orient reist, empfehle ich Dir die langsame Annäherung an den Kulturgegensatz über den Land- bzw. Seeweg. Nach Marokko gelangst Du am besten mit dem Zug über Frankreich – Spanien und von dort per Schiff über die Meerenge von Gibraltar. Algerien erreichst Du günstig auf dem Fährschiff von Marseille aus, per Bus/Zug von den Nachbarländern Tunesien und Marokko. Zwischen Sizilien und Tunis besteht ebenfalls eine gute Fährverbindung. Ägypten nimmt in seiner geographischen Lage eine Sonderstellung ein, kann aber von Athen aus ebenso auf dem Seeweg erreicht werden. Außer den genannten Reiserouten sind natürlich weitere Zug-/ Schiffskombinationen möglich. In jedem Fall hast Du dabei die Gelegenheit, den europäischen Alltag langsam abzustreifen und Dich nach und nach für eine andere Welt zu öffnen.

Außerdem kannst Du auf dem Schiff erste Kontakte mit Einheimischen (z.B. Gastarbeitern) knüpfen. Aufgrund ihrer Erfahrungen im Ausland können sie Dich auf unterschiedliche Verhaltensweisen aufmerksam machen oder sonstige Reisetips geben. Manchmal werden Dir Kontakt-adressen angeboten. Auskünfte von anderen Reisenden können aufschlußreich sein, aber ebenso den Blick für Situationen verstellen und Vorurteile schaffen. Du solltest sie deshalb bezüglich der Reiseorganisation (günstige Hotels, Streckenverbindungen etc.) registrieren, Dich aber auf Deine eigene Wahrnehmung und Erfahrung verlassen. Flüge bieten für die Rückkehr den Vorteil, daß sie Dir weitere Strapazen duch lange Zugfahrten in überfüllten Zügen ersparen, wenn Du nach einigen Wochen etwas abgezehrt Deine Reise beendest. Eine Reise durch den Mittelmeer-raum konfrontiert Dich bereits in bestimmter Hinsicht mit einer ähnlichen Lebensweise wie im Orient.

Ob Du durch Spanien, Italien oder Griechenland reist, überall bestimmt die Distanz zwischen Männern und Frauen das tägliche Zusammenleben, das Du dann ausgepräg-ter in der islamischen Gesellschaft vorfinden wirst. Sie ist auf denselben Normen und Werten wie Ehre und Jungfräu-lichkeitskult aufgebaut. Wie im Orient legitimiert die Reli-gion (das Christentum) die spezifische Alltagspraxis, die sich zwar in Ritualen vom Islam unterscheidet, aber ähn-liche Konsequenzen für das soziale Gefüge fordert. Da sich das Christentum auf die Institution Kirche stützt und der Islam die Trennung von Kirche und Staat nicht kennt (der Koran beinhaltet die oberste Gesetzgebung), bestim-men die Lehren gleichermaßen die öffentlichen Verhaltens-regeln. Interessant in dem Zusammenhang ist die Vereh-rung der Jungfrau Maria, die sich vor allem in Südeuropa ausgeprägt hat. In der Anbetung Marias wird die weibliche Unberührtheit verklärt und in Gegensatz zum "verführerischen Weib" gestellt. Maria ist Sinnbild für die Auslöschung des Triebhaft-Sexuellen, wobei sie an die Stelle der naturmächtigen und von der Kirche als sündig verdammten Fruchtbarkeitsgöttin tritt. Indem Maria zum Vorbild erhoben wird, schwindet die Angst vor der verführerischen Weiblichkeit. Ebenso wie im Orient lastet auf den Mädchen und Frauen in den Mittelmeerländern die Verantwortung für die Familienehre und die Schuld der ausgelebten Sexualität, die nie Lust sein darf, sondern nur Mittel zur Zeugung und des Gebärens.

Je südlicher die Region, um so traditioneller ist die Lebensweise. An die Stelle der Blutrache zur Widerherstellung der Ehre wie sie in den arabischen Ländern durchgeführt wird, tritt z.B. in Italien die **Vendetta** mit vergleichbaren Konsequenzen.

Der spanische Flamenco liefert ähnlich wie der orientalische Bauchtanz ein Beispiel für die Ventilfunktion einer öffentlich unterdrückten Sexualität, die in der Phantasie einen erotischen Freiraum findet. In den Tanzbewegungen zwischen Mann und Frau drückt sich die Spannung zwischen den Geschlechtern aus, jedoch wird im Vergleich zur Bauchtänzerin Körperlichkeit indirekter und verhaltener dargeboten.

Besonders auf der Reise durch Südspanien nimmst Du sozusagen die Fährte arabischer Einflüsse auf, die zwischen dem 8. und 15. Jahrhundert ihre Spuren hinterlassen haben. Granada mit der Festung Alhambra ist bis heute ein einprägsames Beispiel für die islamische Bauweise, die in der Feinheit der Rundbögen, Einlege- und Stuckarbeiten das Auge des Betrachters besticht.

Blick aus der Alhambra auf Granada

Im Zusammenhang mit den arabischen Eroberungszügen sei nochmals auf die Vermischung mit den vorgefundenen lokalen Bräuchen und Sitten verwiesen, die eine regionale Verfärbung der islamischen Glaubenslehren nach sich zogen.

Neben der landschaftlichen und kulturellen Ähnlichkeit mit der arabischen Lebenswelt, bietet der Mittelmeerraum zudem ein Probefeld für die Begegnung mit der orientalischen Männerwelt. Da sich die Grenze zwischen den männlichen und weiblichen Lebensbereichen je südlicher Du kommst immer mehr verfestigt und sich den orientalischen Maßstäben annähert, verläuft die Anmache in entsprechender Steigerung. Obwohl Touristinnen auf der Straße anfänglich noch nicht zu Fremdkörpern wie in den arabischen Ländern gehören, werden sie freizügig und erlebnishungrig eingeschätzt.

In diesem Übergang zwischen Nord und Süd (Mitteleuropa und Nordafrika) mußt Du Dich schon auf *Dein* Verhalten besinnen und konzentrieren.

# Ankunft

## *jetzt wird's ernst*

Unabhängig davon, in welchem der genannten Länder Du ankommst, betrittst Du jetzt das ***"Dar al-Islam"***, das Haus des Islam, das von allen muslimischen Ländern gebildet wird. Nicht die gesprochene Sprache oder der ethnische Ursprung der Bevölkerung liefern die Faktoren für die Einheit, sondern einzig und allein die Glaubenslehre des Islam. Der Begriff "arabisch" bezieht sich dabei auf die ethnische Herkunft des vereinigenden muslimischen Bandes, nämlich das Arabertum und das Leben Mohammeds auf der arabischen Halbinsel. Der vielfach gebrauchte Ausdruck "arabisch-muslimisch" hat den Nachteil, eine Gleichheit zwischen beiden Elementen zu assoziieren und all die Völker zu vergessen, die an der islamischen Kultur mitwirkten.

So besaßen im 16. und 17. Jahrhundert die Türken die Vormachtstellung in der islamischen Welt und feierten unter der Osmanenherrschaft glänzende Siege, die sich in der hochentwickelten Kultur des osmanischen, iranischen und mongolischen Reiches in Indien wiederspiegelten. Sie waren wie die Perser keine Araber, aber Herrschende, die

die islamischen Staaten verwalteten und intellektuelle sowie künstlerische Schöpfungen beeinflußten. Diese Periode der türkischen Vorherrschaft in den arabischen Gebieten nennen die Araber *"Dekadenz"*.

In erster Linie sind die Araber der arabischen Halbinsel die Nachkommen der arabisch sprechenden Stammesgesellschaften in der vorislamischen Epoche. Zu der damaligen Zeit erhielt jeder seinen Status nur durch die Zugehörigkeit zu seinem Stamm, mit dessen Schutz er in jedem Fall rechnen konnte. Mohammed brach vollkommen mit den Vorstellungen der arabischen Stammesgruppe, indem er an die Stelle der Blutsverwandtschaft die Bruderschaft durch den Glauben setzte.

Durch die Konfrontation mit dem eigenen Stamm (der Quarish) mußte an die Stelle der Stammeszugehörigkeit eine neue Gemeinschaft mit einer neuen Grundlage treten.

Jedem wurde von nun an eine eigene Seele zugesprochen, die vor dem jüngsten Gericht allein verantwortlich für die Taten des Individuums war. Interne Streitigkeiten wurden seitdem nicht mehr durch die Blutrache, sondern durch eine im Koran verankerte Gesetzgebung geregelt. Die Aufspaltung der Stämme hob sich in der Glaubensgemeinschaft, der *"Umma"* auf. Während Araber Mohammedaner sein müssen, konnten die unterworfenen Völker ihre monotheistische Religion behalten, indem sie eine besondere Steuer zahlten. Nur Heiden und Gottlose mußten zum Glauben bekehrt werden.

Die arabischen Volksstämme wurden in den großen arabischen Eroberungen des 7. und 8. Jahrhunderts über einen weiten Raum vom Indus bis zu den Pyrenäen verstreut, so daß sich in einem langsamen Prozeß die Lebens-weise der arabischen Hirtenstämme mit den arabisierten Völkern vermischte. Zum einen nahmen die Eroberer kulturelle Errungenschaften der Völker an, bei denen sie lebten, zum anderen arabisierten sich diese Völker, indem sie die Sprache, Religion und einen Teil der Traditionen übernahmen. Die Perser und Türken wurden islamisch, ohne sich sprachlich anzugleichen, ein Teil der Christen und Juden spricht arabisch, ohne die islamische Religion auszuüben. Es ist schwer, die kulturellen Verhaltensweisen der urspünglich nicht arabischen Völker freizulegen, da jene in der arabischen Sprache übermittelt werden und vom Mantel des Islam bedeckt sind. Doch haben sie weitgehend überlebt, was besonders in Ägypten deutlich wird (z.B. verschiedene Nilfeste aus der Pharaonenzeit).

Ägypten wurde 640-641 von den Arabern erobert, Libyen zwischen 642-643, der übrige berberische Maghreb bis 700. Karthager, Griechen und Römer hatten bereits vor der islamischen Eroberung Nordafrikas bestimmte Einflüsse auf die Urbevölkerung ausgeübt.

Diese wurden von den Griechen "barbari" genannt, kurz Fremde, die nicht zum Reich gehörten. Berber ist daraus geworden.

Das zur Verflechtung von Arabern, Islam und den arabisierten Völkern. Damit sollte deutlich werden, daß Du nicht die Urform des Islam erleben wirst, wie sie von Mohammed gelehrt wurde. Die Eindrücke präsentieren sich so vielschichtig, daß Du verschiedene Gesichtspunkte voneinander trennen solltest, bevor Du Dir einen Gesamteindruck machst.

# Wer die Kulturen beeinflußte

**Marokko / Algerien / Tunesien**
- Urbevölkerung Berber
- Einflüsse von Karthagern, Römern, Griechen
- Einflüsse der französischen Kolonialzeit

**Algerien / Tunesien / Ägypten**
- osmanische Einflüsse, die ganz neue Formen z.B. in Hofhaltung, Verwaltung, Architektur und auch in die Religion brachten.

**Ägypten**
- seit dem 4. Jts. v. Chr. entsteht durch Migration und vorhistorische Vermischung eine Bevölkerung, deren Einzelheiten unbekannt bleiben (Nachfahren Kopten/ Christen)
- altägyptische Hochkultur
- Einflüsse der englischen Kolonialzeit

# *Arabisch*

## *die Sprache Gottes*

Die Moslems sehen Arabisch als die Sprache Gottes an, da der Koran (Gottes Wort) in Arabisch offenbart und geschrieben wurde. Doch weder die gesprochene Sprache noch der ethnische Ursprung bilden die Einheit der Glaubensgemeinschaft, die sich allein im Islam begründet. Vielmehr wurden die ästhetischen und intellektuellen Werke innerhalb der muslimischen Welt von Personen geschaffen, die sich als Araber, Türken, Perser, Berber u.v.m. betrachteten und sich in der dementsprechenden Umgangssprache verständigten. Die Zivilisation dieser Musli-

Arabische Illustration
eines Korantextes, 19. Jh.

me unterschiedlicher Herkunft müßte von daher eher muslimisch genannt werden. Das Arabisch ist jedoch die Sprache des Koran, der Theologie, der ideologischen und intellektuellen Auseinandersetzung, wie sie die Gelehrten vor allem in ihren Schriften nutzten. Obwohl die verschiedenen ethnischen Gruppen trotz der Islamisierung teilweise ihre Sprache beibehielten, vereinte sich die intellektuelle Elite im klassischen Arabisch. Die arabische Geschichte und Literatur fand in dieser Sprache der theologischen und wissenschaftlichen Bereiche ihren Ausdruck. Obwohl die Intellektuellen innerhalb einer hierarchischen Gesellschaft eine Sonderstellung einnahmen, erhoben sie als Vertreter der Staats- und Rechtsorganisation das Arabisch zu den Kriterien einer arabischen Kultur, so daß es sich auf die Masse ausbreitete. (vergl. Latein im Christentum).

Während die Bevölkerung zum größten Teil arabische Dialekte spricht, ist gegenwärtig das klassische Arabisch die offizielle administrative, literarische und kulturelle Sprache zahlreicher Staaten. Durchschnittliche Kenntnisse von Französisch und Englisch als Sprache der ehemaligen Kolonialherren ermöglichen eine ausreichende Verständigung zumindest in den Städten. Für Fahrten auf das Land solltest Du Dir aber wenigstens einige arabische Begriffe einprägen (vergl. Literaturliste im Anhang).

| 0 | 1 | 2 | 3 | 4 | 5 | 6 | 7 | 8 | 9 |

# Bahnhof, Hafen, Flugplatz

## der erste Kontakt

Wähle für Deine Ankunft die Tageszeit. Farben, Formen, Geräusche, kurz – alle sinnlichen Reize und Impulse überfluten Dich in der Unüberschaubarkeit des orientalischen Lebens, dessen Konturen Du bei Nacht erst recht nicht erkennen kannst. Während wir das Gefühl für die Dunkelheit in den neonbestrahlten Städten verloren haben, werden selbst in den nordafrikanischen Großstädten nur wenige Hauptstraßen großflächig beleuchtet bzw. von Lichtreklame erhellt.

Bars, Kneipen, Diskotheken sind – wenn überhaupt – nur in den Hotels der Hauptstädte bzw. Touristenzentren vorzufinden, so daß von einem Nachtleben nicht die Rede sein kann. Anders als bei uns, wo viele Menschen dazu neigen, nach Feierabend noch einer Freizeitbeschäftigung außerhalb ihres Zuhauses nachzugehen, die oft mit einem Bier in der Kneipe abgerundet wird, sind auf den Straßen nach Einbruch der Dunkelheit wenig Menschen, geschweige denn Frauen, unterwegs. Es sind die Männer, die in den Straßencafés und Kaffeehäusern ihre freie Zeit außerhalb der räumlichen Enge im Zusammenleben mit

der Großfamilie vertreiben. Unterhaltungen, Brettspiele oder das Rauchen von Wasserpfeifen bestimmen das abendliche Straßenbild entlang der Straßen und Plätze. Wenn Du als alleinreisende Frau schon tagsüber wie ein objekthafter Fremdkörper betrachtet wirst, so erst recht zu einer für Frauen unehrenhaften Abend- und Nachtzeit. Für Deine ersten Begegnungen und Zusammenstöße mit dem Straßenleben der orientalischen Männerwelt solltest Du Dir deshalb die bestmöglichen Voraussetzungen schaffen und im Verlauf des Tages in die neuen und für Dich fremdartigen Strukturen eintauchen.

Die Bahnhöfe gehören zu dem Bereich der öffentlichen Einrichtungen, die stets überlastet sind. Männer und Jungen, die an den herein- und herausfahrenden Zügen kleben und sich einen Spaß daraus machen, auf den bereits rollenden Zug aufzuspringen, sind keine Seltenheit. Die

Busse sind ohnehin stets derart überfüllt, daß die Menschen häufig wie Bienentrauben an ihnen hängen.

Die Gründe für das Unterwegssein sind hier andere als bei uns, zweckgebunden entspringen sie vor allem nicht der Reiselust als einem Teil unserer Freizeitbeschäftigung. Frauen sowie Menschen auf dem Land verlassen selten ihre vertraute Umgebung über die nächstgelegenen Marktflecken hinaus, so daß ihre Lebensvorstellung von Traditionen und Fernsehbildern (und natürlich vom Auftreten der Touristinnen) geprägt wird. Wie leicht vergißt man die unterschiedlichen Blickwinkel! Es ist deshalb wichtig, sich die enge und begrenzte Lebensbetrachtung der einheimischen Bevölkerung (besonders auf dem Land) einschließlich der verschiedenen Wertmaßstäbe bewußt zu machen.

> *Das Beispiel einer tunesischen Mutter, deren Sohn Ali in Deutschland studiert, macht dies deutlich. Sie hat keine Vorstellung von dem Leben ihres "Löwen", der so viele Meere überquert hat und noch weiter entfernt ist als die Sterne – diese kann sie wenigstens noch am Abendhimmel betrachten, aber ihren Sohn?*

Was Dir sofort auf dem Bahnsteig auffallen wird, sind unzählige Augenpaare, die Dich betrachten und mustern. Dies ist der erste und anhaltende Eindruck während Deiner ganzen Reise: solange Du Dich in der Öffentlichkeit bewegst, wirst Du nie unbeachtet bleiben! *Deine* äußere Erscheinung sowie *Dein* Verhalten sind maßgeblich und Auslöser für jede Reaktion von außen. Unterziehe Dich deshalb einer ständigen Kontrolle und Selbstbetrachtung, da Du Dich so auffällig wie nie zuvor in Deiner Umgebung widerspiegeln wirst. Offenheit wird Dir sofort helfende Bezugspersonen verschaffen, Reserviertheit und Verschlossenheit stößt auf Provokation oder Ablehnung. Diese ständige Kontrolle von außen, das Klima, ungewohnte Sauberkeitsverhältnisse und vieles mehr kann Frustration und Aggressionen aufkommen lassen, die Du öffentlich unter Kontrolle haben solltest, um sie nicht zum falschen Zeitpunkt zu entladen.

Nimm Dir Zeit bei Deiner Ankunft, schau' Dich um, versuche sehr aufmerksam auf Dich und Dein Gepäck zu sein und sei vorsichtig, ohne Dich abzugrenzen.

Du brauchst die Hilfe bestimmter Menschen, die Dir bei der Unterbringung oder Weiterreise nützlich sind. Verlasse Dich auf Dein inneres Gefühl, denn Du selbst wirst kaum in der Lage sein, alle Auskünfte einzuholen, da die Strukturen und das innere Geschehen Dir fremd gegenübertreten. Auch die Unkenntnis der arabischen Schriftzeichen kann Dich mancherorts zur hilflosen "Analphabetin" machen, die nicht mehr erkennen kann, wo (Straßenbezeichnungen) sie gelandet ist bzw. wo sich Übernachtungsmöglichkeiten befinden. Und egal was Du machst, es kommt immer auf das "Wie" an, d.h.: Sei freundlich *und* selbstbewußt!

> In Kairo erlebte ich einmal, wie Touristen durch ihre fordernde Art am Fahrkartenschalter weder Karten reservieren konnten noch Auskünfte erhielten, da der Schalterbeamte vorgab, kein Französisch zu verstehen. Als mir dann bestimmte englische Worte fehlten, antwortete er lächelnd: "Sprechen Sie doch Französisch!"

Vielleicht ist die Wiederentdeckung Deiner Intuition, wie sie in unserem Alltag immer weniger erfahrbar wird, die größte

Bereicherung während Deiner Reise. Das Wesentliche bestimmter Situationen wirst Du selten durch eine rationale Betrachtung erfassen, sondern über die Wirkung auf Deine Instinkte. Im Rückblick erwacht in mir manchmal Skepsis gegenüber meiner Vertrauensseligkeit, mit der ich arglos und eigentlich ausgeliefert bei einigen Menschen übernachtete. In der damaligen Situation lagen jedoch weder Zweifel noch Unsicherheit in der Luft, und ich habe keine schlechten Erfahrungen gemacht. Mit Deinem Rucksack wirst Du leicht als jemand erkannt, die Zimmer, Taxis etc. sucht. Sofort werden Dir "hilfreiche Geister" ihre Dienste anbieten, die allerdings entlohnt werden müssen. Dies ist kein Anhaltspunkt für Ungastlichkeit bzw. Ausnutzung von Notsituationen, sondern der "Helfer" lebt davon, seine Dienste zu verkaufen. Jede Möglichkeit zum Gelderwerb muß genutzt werden, wenn es darum geht, den Lebensunterhalt zu bestreiten.

Am Anfang wirst Du für alle Dienstleistungen, Unterkünfte, Essen, Trinken zu viel bezahlen, bis Du bestimmte Preise kennst und sie zum Lebensstandard und Einkommen ins Verhältnis setzen kannst.

Dies trifft zuerst auf den Transfer vom Hafen bzw. Flugplatz zum Hotel zu, wenn Du nicht mit dem Bus oder Zug in die Stadt fahren und Dich sofort in das Menschengewühl stürzen willst. Taxis oder Pferdekutschen werden ihre unangemessenen Preise für diese Sonderfahrt nehmen. Vor allem solltest Du Dich vor dem Bezahlen bei vorbeigehenden Leuten vergewissern, ob Du an Deinem Ziel oder einem zentralgelegenen Punkt angekommen bist.

Wenn Du etwas bezahlst, achte darauf, das Geld nicht

mit der linken Hand zu überreichen. Dies wäre eine Beleidigung. Die linke Hand wird als unrein betrachtet, da man sich damit z.b. auf der Toilette reinigt. Da unser Toilettenpapier umgekehrt als unhygienisch gilt, besteht die Reinigung darin, sich mit der linken Hand des bereitstehenden Wassers zu bedienen und sich damit zu säubern. Am besten, Du vergißt die Existenz dieses Körperteils auch z.b. beim Essen, Grüßen, Herbeiwinken.

Von den Ankunftsmöglichkeiten Bahnhof, Hafen, Flugplatz präsentieren sich Flughäfen als Knotenpunkte internationaler Verbindungen am modernsten bzw. durch Fluggäste aus Saudi-Arabien am arabischsten. In der Masse der Menschen und ihrem äußeren Erscheinungsbild besteht wie überall auf der Welt ein Gefälle vom Land-Seeweg bis hin zum Flugverkehr.

---

*Bei meiner Ankunft in Alexandrien vertraute ich mich einem Pferdekutscher an, der mir nach einer relativ kurzen Strecke vergewisserte, daß ich am Zielort angekommen sei. Zum Fahrpreis forderte er noch Bakschisch, was ich ihm auch bezahlte, um kurze Zeit später irgendwo, aber nicht am angegebenen Ort zu stehen. Zusätzliche Bakschischforderungen sind nur ein Versuch, noch mehr aus unwissenden Touristen herauszuschlagen, die sich leicht durch vorgespielte Empörung einschüchtern lassen.*

# Übernachten

## die erste Hürde

Wie erwähnt, signalisierst Du mit Deinem Rucksack einen Zustand, in dem Du noch kein Dach über dem Kopf gefunden hast. Auf der Suche nach einem Hotel wirst Du oft von Leuten mit der Absicht angesprochen, Dir ein Zimmer zu vermitteln. Dies kann bereits auf dem Bahnhof sein, auf der Straße oder im Taxi. Grundsätzlich sind die Hotels in der Altstadt billiger als in den modernen Stadtteilen, dafür weniger komfortabel und innerhalb der unüberschaubaren Gassen schwerer auffindbar.

Die Hotelvermittlung durch Personen von der Straße hat den Nachteil, daß Du mit dem Preis eine Provision bezahlst, die sich nicht auf die Raumausstattung auswirkt. Andererseits hast Du vielleicht nicht den Überblick, um zielstrebig eine Unterkunft anzusteuern. Oft genug wirst Du in besseren Hotels beim Anblick Deines Rucksacks mit dem Vorwand abgewiesen, daß kein Zimmer mehr frei sei. Wenn Du nicht gerade alleine unterwegs bist, solltest Du vorsichtshalber Dein Gepäck vor dem Eingang abstellen, bevor Du zur Rezeption gehst.

Mache von verschiedenen Zimmerangeboten Gebrauch,

um Dir die Räume nach Sauberkeit, Waschmöglichkeiten sowie Verschließbarkeit anzusehen und setze die Preise miteinander ins Verhältnis. Die Vermittler sind stets bemüht, Deine Wünsche und Erwartungen zufriedenzustellen. Ihre Dienste in Anspruch zu nehmen, heißt ihre Funktion innerhalb des gesellschaftlichen Gefüges zu beachten und Verdienstmöglichkeiten zu schaffen. Willst Du davon keinen Gebrauch machen, so gib dies entschieden, aber freundlich kund. Überhaupt ist es wichtig, in jeder Kommunikation und Interaktion Konflikte und Aggressionen zu vermeiden, die vor allem die Ehre des Einzelnen in Frage stellen könnten. Über allem steht der männliche Stolz, der sich in jeder Geste und Mimik ausdrückt, auch wenn das Gewand angeschmutzt ist.

In der arabischen Gesellschaft herrscht eine oberflächliche Freundlichkeit, die der Vermeidung von aggressiven Reaktionen dient. Manchmal ist es schwer, die Absicht von Worten und Verhaltensweisen zu durchschauen, hinter denen neben Gastfreundschaft und Kontaktfreudigkeit ganz einfache Berechnung und Geschäftstüchtigkeit stecken können. Solltest Du ein Zimmer gefunden haben, so ist es üblich, die Übernachtung im voraus zu bezahlen oder anzuzahlen. Statt der Quittung erhälst Du in den meisten Fällen lediglich Deinen Paß zurück als wichtigste Garantie für die geleistete Zahlung. Im Gegensatz zu den größeren Hotels erfährst Du in den kleineren mehr über das Geschehen in der Umgebung, das dem muslimischen Alltag entspricht. Die Atmosphäre ist familiärer als in den ausschließlichen Touristenbetrieben und vermittelt oft das Gefühl, jederzeit Hilfe und Ratschläge in Anspruch nehmen zu können. Außerdem übernachten dort ebenso Einheimische und andere Rucksackreisende, deren Informationen Dir für die weitere Reise nützlich sein können und die Hotelsuche in anderen Orten erleichtern.

Wenn Du dann zum ersten Stadtgang losziehst, ist es oft

das "Hallo" Deines Zimmervermittlers an der Straßenecke, das Dir das Gefühl gibt, nicht mehr ganz fremd zu sein. Gerade bei der Zimmervermittlung habe ich oft die Erfahrung gemacht, daß die Art meines Auftretens die Reaktionen der Menschen in meiner Umgebung beeinflußte. Je gereizter ich in der Hitze mit meinem immer schwerer werdenden Rucksack herumlief, desto mehr meinte ich, spöttisch betrachtet und angegriffen zu werden. Dies lag wohl nicht nur an meiner Wahrnehmung, sondern auch an der ausgestrahlten Aggressivität meinerseits. Am besten läßt Du Dich soweit treiben, daß Du das Geschehen zwar im Auge behältst, aber das Maß Deiner Gelassenheit den Schlüssel für einen reibungslosen Ablauf liefert.

Selbst in schwierig erscheinenden Situationen wird es immer irgendwelche Menschen geben, die Dir eine Schlafstätte bei sich zu Hause anbieten.

> *Als ich in Alexandrien nach einem abgelegenen Bahnhof suchte, von dem in den Abendstunden aber kein Zug mehr abfuhr, boten mir zwei Studenten, die ich nach dem Weg gefragt hatte, eine Übernachtungsmöglichkeit in ihren Familien an. So begleitete ich sie in die muslimischen Wohnviertel der Altstadt, nachdem ich mir zuvor noch ein langärmeliges Hemd überziehen und ein Tuch um den Kopf binden mußte. Die Eltern, Brüder und Schwestern begrüßten mich herzlich und überließen mir das Sofa, während sie wie gewohnt zwischen Hühnern und Hausgerätschaften auf dem Boden schliefen. Den Höhepunkt des Abends lieferte eine deutsche Leseprobe aus Goethes 'Faust', den der studierende Sohn Galal an der Al-Azhar-Universität gerade bearbeitete. Außer ihm verstand niemand ein Wort und doch lauschten alle andächtig den Passagen, die ich aus der Lektüre in das Mikrofon eines Cassettenrecorders sprach.*

# Stadtgang

## Bewährungsprobe

### Äußeres Auftreten
*– züchtig aber selbstbewußt*

Nach arabischer Vorstellung haben Frauen (also auch Europäerinnen) lange Haare, die bei Deutschen natürlich blond sind. Nicht immer wirst Du diesem Bild entsprechen und die Männer etwas verunsichern, besonders wenn Du kurze Haare hast. Sei Dir in jedem Fall der Bedeutung Deines äußeren Auftretens bewußt, bevor Du Deinen ersten Stadtgang antrittst. Lange Haare sollten zusammengebunden, hochgesteckt oder durch eine Kopfbedeckung unsichtbar sein. Trage einen BH, Hemden mit 1/2 oder langem Arm sowie mindestens knielange Röcke oder weite Hosen. In Anbetracht der tabuisierten Körperzonen, die sich hinter der Verschleierung der Frauen verbergen, solltest Du diese Richtlinien befolgen, um nicht als leibhaftige Provokation die Ventilfunktion für unterdrückte sexuelle Bedürfnisse zu übernehemen.

Das soziale muslimische Leben wird nicht durch verinnerlichte Verhaltensregeln wie bei uns bestimmt, sondern in erster Linie durch äußerliche Vermeidungsmechanismen wie z.B. die Verschleierung. Alles, was dem nicht entspricht, ist eine Herausforderung gegen das muslimische Normensystem. Dabei wird den Frauen immer die Verantwortung für ausgelöste Konflikte zugeschrieben, da sie als machtvolle Verführerinnen aus dem Bannkreis ihrer häuslichen Welt getreten sind und die soziale Ordnung gestört haben.

Was Dich betrifft, so vermeide auf der einen Seite das Aussenden weiblicher Reize (zu leichte Kleidung, aufmunternde und immer als erotisch gedeutete Blickkontakte ...). Betrachte aber auf der anderen Seite Deine Umgebung offen und so selbstbewußt, daß *Du* bestimmst, in welcher Art Dir die Menschen begegnen.

Verstaue Deine Papiere und Dein Geld entweder am Körper oder in einer Tasche, die Dir nicht entrissen werden bzw. abgeschnitten werden kann.

Es ist nützlich, möglichst viel Kleingeld für Bakschisch (Almosen, Trink-/Schmiergeld) griffbereit in der Hosentasche zu haben. Versuche, schon im Hotel bestimmte Preise zu erfahren (z.B. von Tee und anderen Getränken, Brot, Taxis etc.). Wenn Du unterwegs etwas kaufen willst und nach dem Preis *fragst,* mußt Du mit einem touristischen Aufschlag rechnen. Legst Du jedoch eine passende Summe auf den Tisch, so werden sich die Verkäufer nur dann melden, wenn es zu wenig ist. Dies gilt jedoch nicht für die Preise im Bazar, denn hier liegt das Ritual des Handelns zugrunde. Daß Du Dir Name und Standort des Hotels genau merkst bzw. auf Deinem Stadtplan einzeichnest, ist wohl selbstverständlich. Aber was erwartet Dich nun in der

Medina, im *Souk* und in den Gassen der orientalischen Städte?

**Die Medina**
*– lebendiges Mittelalter*

Neben den mittelmeerisch-europäischen Stadtvierteln bildet die *Medina* die für die arabische Welt typische Altstadt der Moslems. Während die moderne Stadtbevölkerung mit allen Eigenschaften der westlichen Stadtkultur (Einflüsse internationaler Architektur, Schaufensterläden, Festpreise, westliche Kleidung, höhere Bildung, spätere Heirat, Familienplanung) ausgestattet ist, haften dem Lebensstil der Altstadt dörfliche traditionelle Strukturen an, die sich in der

Bauweise der Häuser, ihrer Ausstattung, der Erdverwachsenheit der Umgebung und Familienzentriertheit ihrer Bewohner widerspiegeln. Die Abwanderung vom Land (Migration) sorgt dabei für die Aufrechterhaltung dieser ländlichen Grundzüge.

In Algerien wird die Medina auch **Kasbah** genannt, obwohl hier ebenso wie in den arabischen Ländern die Kasbah eigentlich nur der zur Zitadelle ausgebaute Stadtteil ist. Nicht weit davon entfernt liegt das jüdische Viertel, **Mellah,** das heute meistens auch von Moslems bewohnt wird.

Die Verschiedenheit der Stadtviertel macht klar, daß islamische Städte keine homogene Einheit bilden, sondern sich stattdessen aus einer Vielzahl von Quartieren zusammensetzen. Nach der Familie stellen diese Viertel die wichtigste soziale Einheit dar, in die sich der Einzelne einzugliedern versucht.

Ausgehend vom Mittelalter waren diese Gebiete deutlich abgegrenzte Gebilde innerhalb der Stadt, in denen Menschen gemeinsamer Dorfherkunft, gleicher ethnischer oder religiöser Abstammung zusammenlebten. Bis in die Gegenwart spiegeln die Viertel die Dorfzugehörigkeit einschließlich der traditionellen Dorfstruktur sowie die Sozialstruktur religiöser und ethnischer Minderheiten wider. Gleichzeitig wächst jedoch im Zuge einer immer stärker werdenden industriellen Gesellschaft die Mobilität zwischen den modernen und traditionellen Stadtteilen, so daß sich unter dem erweiterten Beziehungssystem langsam die sozialen Gemeinden auflösen. Innerhalb der Medina unterscheidet sich der **Souk** von den Straßen und Gassen der Wohnviertel.

### *Der Souk*
*– ein Labyrinth*

Der **Souk** ist das Geschäftsviertel, in dem eine oder mehrere Straßen ausschließlich einem bestimmten Handelszweig oder Handwerk vorbehalten sind. Vergleichbar mit den Handwerksgilden und Zünften im mittelalterlichen Westeuropa spielen Zünfte und Gilden bis heute in den arabischen Städten eine entscheidende Rolle bezüglich ihrer gesellschaftlichen und wirtschaftlichen Bedeutung.

Den **Souk** betrittst Du aus irgendeinem Winkel der Medina. Fortlaufend bewegst Du Dich zwischen kleinen Läden und Ständen im Schatten der gedeckten Passage. Gerüche ändern sich nach der Natur der Waren, die direkt greifbar ausgestellt und weder durch Türen noch durch Scheiben von Dir getrennt sind. Ob Gewürze, Lederwaren, Teppiche, Körbe usw., immer sind mehrere Läden hinter-

einander, die die gleichen Gegenstände anbieten. Die größte Faszination geht von der Möglichkeit aus, von Anfang an bei der Fertigstellung der Produkte zuzuschauen und sie nicht als bloße Fertigteile wie bei uns zu erstehen. Der Händler, der inmitten seiner Waren sitzt und dies oft auf sehr engem Raum, beseelt den einzelnen Gegenstand und erzeugt dadurch ein gewisses Maß an Intimität. Der Wert der Ware bezieht sich dabei auf die Situation, den Käufer, die Tageszeit, kurz – er bleibt ein kleines Geheimnis, das dem Ritual des Handelns etwas Verlockendes und Geheimnisvolles verleiht. Andererseits wächst darin Deine ganz persönliche Beziehung zu dem ausgewählten Gegenstand und macht ihn mit Deinem Bemühen in gewisser Weise einzigartig.

Auf Deinem Weg durch die engen Gassen ertönen von allen Seiten bedeutungsvolle Rufe, die Dich zum Kaufen überreden wollen. Eigentlich wirst Du nicht sagen können, warum Du gerade einen bestimmten Laden betrittst, wo die Waren doch vielfach innerhalb einer Gilde angeboten werden. Solltest Du Dich für etwas Bestimmtes interessieren, so bringe Fingerspitzengefühl und viel Zeit für das Feilschen mit!

## Handeln
*– eine Wissenschaft für sich*

Läßt Du Dich auf das Handeln und Feilschen um Preis und Qualität einer Ware ein, so übernimmst Du eine Rolle innerhalb einer besonderen Kommunikation, der ein uraltes Ritual zugrunde liegt. Die orientalische Sitte gebietet es, daß Käufer und Verkäufer sich mit gegenseitigem Respekt begegnen und im Hin- und Her der Unterhaltung ein Ergebnis erzielen, mit dem alle Beteiligten zufrieden sind. Diese Prozedur stellt keinen Kampf dar, obgleich sie auf der Entschlossenheit der Gegner aufbaut und höchste Aufmerksamkeit erfordert. Der zuerst genannte Preis wirkt wie ein Rätsel, bezieht er sich doch in erster Linie auf die Brieftasche der Massentouristen, die die Gegenstände nur als Trophäen sehen, ohne sich für Menschen, Sitten und Gebräuche des Landes zu interessieren. Wenn sie die schmalen Gassen überfluten, erhellen sich zwar die Gesichter der Verkäufer, doch nur solange, wie sich im Handumdrehen und ohne viel Zauber die Tageseinnahmen verdoppelt haben. Zurück bleibt ein hohler Nachgeschmack und ein Vorurteil gegenüber dem Massenkonsum dieser Touristen, deren Kauf in völligem Widerspruch zum sichtbaren Handwerk steht und keine ausgesprochene persönliche Beziehung zum Gegenstand zuläßt.

Der Preis ist also der Anfang eines Spiels, über dessen Ausgang nichts bekannt ist. Nach einer groben Schätzung sollte man ungefähr auf ein Drittel der ursprünglichen Summe heruntergehen, um sich schließlich in der Mitte anzunähern und zu einigen. Doch ist dies ebenso eine schale Allgemeinheit, die nichts über die Feinheiten, Würde und Beredsamkeit der Beteiligten aussagt. Der Händler freut sich über die Zeit, die Du zum Kauf mitbringst.

Alle Argumente, die auf die Nachgiebigkeit des anderen abzielen, sind von Informationen und vielseitigen Auskünften umgeben. Diese können Urlaubserfahrungen betreffen, die arabische Mentalität, das Leben in Deiner Heimat oder irgendwelche Freunde, die angeblich in Deutschland leben und arbeiten. Deine Einwände können Ausdruck Deines Charmes sein − und dieser vermag Berge zu versetzen, unangemessen stoßen sie allerdings auf Hohn, da Du Regeln verletzt und Dein Nichtverstehen entlarvst. Mit einem Glas Tee als Zeichen arabischer Gastfreundschaft, dem Spiel der Sprache und der Augen wird es Dir schwerfallen, ohne Einigung den Laden zu verlassen. Doch auch diese Reaktion ist geplant und gehört zu den Möglichkeiten, um ein Nachgeben in den Preisvorstellungen auszulösen. Wenn Du Dich höflich und freundlich verabschiedest, hast Du immer noch die Gelegenheit, am nächsten Tag zurück-

zukehren. In den meisten Fällen wirst Du aber zurückgerufen, damit schließlich lachend oder mit vorgespieltem schweren Herzen der Handel besiegelt werden kann. In Deinem Auftreten als Individualtourist, der sich um Land und Leute bemüht oder sogar einige arabische Ausdrücke kennt, wirst Du viel Sympathie empfangen und das Gefühl bekommen, akzeptiert zu werden. Nicht in allen Fällen ist Handeln erlaubt! Achte deshalb auf ausgedruckte Preise im Schaufenster oder in Vitrinen. Diese findest Du vor allem in Schmuckgeschäften, besseren Hotels, Pensionen und Restaurants.

Außerhalb des *Souk* wirst Du immer wieder auf der Straße von Jungen und Männern angesprochen, recht geschickt und mit wohldosierten Worten in ein Gespräch verwickelt, in dem man sich nach Deiner Herkunft, Deinen Eindrücken etc. befragt. Es ist erstaunlich, welches Maß an psychologischem Einfühlungsvermögen diese fliegenden Verkäufer an den Tag legen, denn sie verhalten sich größtenteils weder anmachend noch aufdringlich. Erst die sich ständig wiederholende Kontaktaufnahme wirkt lästig und fordert zu knappen, aber bestimmten Zurückweisungen heraus.

Denn nachdem Du einige Male den Vorschlag angenommen hast, nur aus Freude am Handwerk die Manufakturen anzuschauen, weißt Du, wie leicht man Dich mit Komplimenten eingewickelt und in irgendeiner Gasse freundlich zum Kauf gezwungen hat.

Nimm Dir die Zeit, an der Straße Tee oder Kaffee zu trinken, das Treiben und vor allem die Jagd der lauernden Verkäufer auf vorbeikommende Touristen zu beobachten.

Es ist manchmal äußerst amüsant, die Reaktionen anderer Touristen anzuschauen, die aus Spaß umso mehr bedrängt werden, je ärgerlicher sie versuchen, die lästigen Angebote abzuschütteln. Es genügt nicht, im Vorbeigehen abweisende Handbewegungen zu machen, nur ein selbstbewußter Blick in die Augen verleiht dem Interesse am Handel oder der Ablehnung Nachdruck. Und nicht zuletzt beendet ein "Nein, Danke!" konfliktfrei das Kaufangebot.

Vor allem vor den Eingängen zu den zahlreichen Sehenswürdigkeiten versinkst Du in der Masse der Touristen, auf die sich die Händler mit ihren größtenteils kitschigen Souvenirs stürzen. Diese Bedrängnis zum Kauf irgendwelcher Gegenstände ist sowohl lästig als auch schmerzlich, weil es rücksichtslos nur darum geht, Touristen auszuschlachten. Das Interesse am Menschen geht dabei auf beiden Seiten verloren. Aber Du solltest Dir auch immer wieder Deine privilegierte Rolle vor Augen halten. Die einheimische Bevölkerung kämpft um ihr Existenzminimum und ist weit davon entfernt, Urlaubsreisen nur so zum Spaß anzutreten.


## *Wohnviertel*
*– wo die Frau regiert*

Die Häuser der Wohnviertel wirken zur Straße hin oft sehr unscheinbar. Die Grundform besteht ursprünglich aus einem oder zwei Stockwerken mit Terrassendach und besitzt in den meisten Fällen einen Innenhof. Hier spielt sich die Welt der Frauen ab, deren Ausgang sich größtenteils auf die Dächer und das nahe Umfeld in der Gasse beschränkt. Nach einem arabischen Sprichwort verläßt die Frau in ihrem Leben das Haus nur zu zwei Anlässen, wenn sie heiratet und wenn sie beerdigt wird.

Im Lauf der letzten Jahrzehnte hat sich das Wohnfeld als Folge von Landflucht insoweit verändert, daß Häuser im-

mer wieder aufgestockt werden, nachdem die Hausbesitzer selbst in neuere und besser angesehene Stadtteile gezogen sind. Statt einer Familie bevölkern nun ca. neun Familien die gleiche Parzelle in langsam zerfallenden Häusern, da vom Hausbesitzer keine Investitionen für eine Instandhaltung ausgegeben werden.

Innerhalb dieses verdichteten Lebens kann die **Segregation** nicht immer eingehalten werden und verlagert sich deshalb aus räumliche in symbolische Bereiche. So verlassen z.B. Freundinnen das Haus, wenn der Ehemann der besuchten Freundin nach Hause kommt, weil sonst ein Zusammenstoß in der Enge des Wohnraums unvermeidlich wäre. Die Wohnungen im Erdgeschoß sind dementsprechend die billigsten. Hier sitzen die Frauen der ärmeren Bevölkerung auch vor dem Haus und gehen ihrer Haus-

arbeit nach, so daß die Abgrenzung letztendlich immer noch ein Privileg der höheren Schichten ist, in denen Frauen völlig von der Außenwelt abgeschirmt werden können.

Am Tage halten sich die Töchter und Schwiegertöchter mit den Kindern in den Innenhöfen, auf den Terrassen oder direkt vor dem Haus auf, wo sie ihre Hausarbeit wie Feuermachen, Brotbacken, Tee- und Essenszubereitung usw., verrichten.

Das Wohnungsinventar ist nicht wie bei uns mit Komfort und Luxus ausgestattet, sondern nur mit dem Notwendigsten für das tägliche Leben. Statt des Wohn-, Arbeits- oder Kinderzimmers gibt es für jede Familie einen Raum. Abends werden dort Decken als Schlafstätten ausgerollt, da nicht für jede Person ein Bett bereitsteht. Die Kleidung

wird nicht nach der Mode gekauft und stapelt sich dementsprechend nicht in überfüllten Kleiderschränken. Alles, was an Kleidungsstücken oder Aussteuer aufgehoben werden soll, findet in Truhen oder Kisten Platz. Wenn auch nicht nach der neuesten Mode orientiert, gehört es doch zu den Lieblingsbeschäftigungen der Frauen, sich untereinander ihre Kleidung vorzuführen und sich gegenseitig zu schminken, wozu ihnen neben dem Haushalt viel Zeit bleibt. Während ein Spiel mit Farben und Formen neuester Modeschöpfungen die Verführungskunst der Frauen unterstreichen würde und sie in der Öffentlichkeit verbotenerweise verlockend erscheinen ließe, zählt Eitelkeit und die Pflege von Körper sowie Schönheit zu den bestimmenden weiblichen Wesenszügen innerhalb der häuslichen Umgebung. Beim Verlassen des Hauses dagegen müssen die Frauen ein Überkleid anziehen, deren Stoffe unauffällige Farben haben oder wie in Ägypten schwarz sind. Neben Schleier und Segregation gehört auch diese Regelung zu den Vermeidungsmechanismen, um jedem sexuellen Interesse an den Frauen vorzubeugen.

Obwohl oft genug wider Erwarten Fernsehapparate und Radiorecorder in den Häusern zu finden sind, wirkt sich die Konsumhaltung nicht auf eine Arbeitserleichterung im Haushalt aus, der ohne moderne Küchengeräte bewältigt werden muß. Da er sich jedoch nicht wie bei uns zusätzlich u.a. auf die Pflege von Pflanzen, Haustieren (Hunde, Wellensittiche, Hamster...) und ausgedehnten Wohnraum bezieht, bleibt genügend Zeit für die Kindererziehung und Zusammenkünfte mit anderen Frauen.

Ohne eine weitreichende Schulbildung (die Mehrheit der

Landfrauen sind Analphabetinnen) und die Unmöglichkeit des Gelderwerbs ist die Frau zeitlebens ökonomisch abhängig und in ihrer Mutterrolle gefangen.

Noch ist nicht abzusehen, inwieweit sich der zunehmende Fernsehkonsum auf das Rollenverständnis der Frauen auswirkt. Versuche Dir einmal vorzustellen, welche Verwirrung, aber auch Manipulation durch die Medien entsteht, indem sie eine Welt in die Häuser tragen, von der die Frauen bis in die Gegenwart fast gänzlich ausgeschlossen werden.

Einkäufe auf dem Markt und der Besuch der Frauen in ihren Elternhäusern bieten die wenigen Anlässe, das Haus zu verlassen. Je wohlhabender die Stellung der Frau ist, desto mehr hält sie sich vom Leben auf der Straße fern. Ein Stadtbummel, Cafébesuch, Tanzvergnügen und all das, was für uns zur selbstverständlichen Lebensgestaltung zählt, ist für die arabischen Frauen undenkbar, schamlos und kann sogar mit tödlichen Folgen verbunden sein, sobald die Ehre der Familie verletzt wurde. Im Extremfall Iran werden Frauen sogar verhaftet, wenn sie gegen die vorgeschriebene Kleiderordnung verstoßen (z.B. verrutschtes Kopftuch).

Ihr Leben beschränkt sich auf das Haus und das nahe Treiben in der Gasse, die *mit* zur Intimsphäre der Wohnung zählt. In dem traditionellen Stadtviertel besteht ein wesentlicher Unterschied zwischen einer Straße *(shari'a)* und einer Gasse *(hara)*. Während die Straße die Sphäre der Öffentlichkeit darstellt, bilden die von ihr zahlreich abzweigenden Gassen den Privatbereich. Hier werden Mahlzeiten zubereitet, Küchenutensielien gereinigt, Kleidungsstücke gewaschen: hier wird gelebt. In den Straßen dagegen werden alltägliche Besorgungen gemacht, Einkäufe getätigt, d.h. der Alltag wird anderen Normen unterstellt.


## Die Gasse
*– das "erweiterte Wohnzimmer"*

In dem Wirrwarr der Wege in der Medina gerätst Du leicht zufällig oder aus Neugier in die Privatsphäre einer Gasse hinein. Dann sind es oft die Kinder, die ihren Lebensraum lärmend und auch Steine werfend verteidigen, sobald Du ihnen als Eindringling gegenüberstehst. Bevor Du entsetzt und verunsichert die Flucht ergreifst, mach Dir klar, daß Du Dich hier in einem Bereich befindest, der etwa so privat ist, wie der eingezäunte Vorgarten eines Einfamilienhauses bei uns. Wende Dich hilfesuchend an die Erwachsenen! Versuche auf jeden Fall, eine gute Miene zu machen und Offenheit gegenüber den Menschen zu zeigen, anstatt nach exotischen Schnappschüssen und Oberflächenhascherei aus zu sein. In Deiner Bereitschaft zur Kontaktaufnahme werden Dir Überraschungen wie Einladungen zum Teetrinken zuteil, so daß Du Gelegenheit findest, etwas mehr über das Leben der Frauen zu erfahren. Im Gegensatz zu den Straßen und Boulevards als Bereiche der männlichen Geschäftigkeit kannst Du nur in den Gassen die verschiedenen Rollen und Aufgaben innerhalb der Frauenwelt beobachten.

Neben den Müttern und ihren heranwachsenden Kindern

übernehmen besonders die älteren Frauen die soziale Kontrolle über das Verhalten des Einzelnen in der Nachbarschaft. In der Enge des Wohnraums wird jeder Familienkrach zu einer öffentlichen Angelegenheit. Das Interesse gilt insbesondere dem nach Hause gebrachten Verdienst eines jeden Familienvaters als Ausdruck des Ansehens und der an materiellen Gütern gemessenen "Liebe". Und immer gibt es bestimmte "Königinnen der Gasse", die um Rat befragt werden bzw. die ständig schwelenden Streitigkeiten schlichten. Zusammenstöße betreffen dabei nie nur einzelne Personen, sondern die Gesamtheit der zugehörigen Familieneinheit, deren Ehre jedes Mitglied und in schwerwiegendem Maß besonders die Frauen repräsentieren.

Sowohl die Herkunftsfamilie, als auch die angeheiratete Familie hat bestimmte Rechte und Pflichten gegenüber der äußeren Welt, so daß Spannungen jederzeit aufflackern und auf eine ganze Gruppe übergreifen können.

Männer treffen sich mit Freunden äußerst selten zu Hause, da die Frauen fremden Blicken verborgen bleiben müssen. Außerdem liefert die meist bescheidene Wohnungsausstattung einen möglichen Anlaß, die Ehre durch üble Geschwätzigkeit anzutasten. Um dem aus dem Weg zu gehen, sucht man sich in Stammcafés an der Straße auf.

Herumspazieren auf der Straße gilt bei Frauen als anstößig und verhaltenswidrig. Sie treffen sich mit ihren Freundinnen zu Hause, um den neuesten Tratsch auszutauschen oder Intrigen zu spinnen, nach denen die weibliche Verwandtschaft und Nachbarschaft in ihrem moralischen

Verhalten auf's Korn genommen und nach ihrem materiellen Reichtum beurteilt wird.

Durch alle Lebensbereiche und zwischenmenschlichen Beziehungen zieht sich ein Spannungsfeld, das anhaltend Rivalität, sexuelle Frustrationen und Aggressionen schürt. Auf der einen Seite liegt dem sozialen Zusammenleben ein kontrolliertes Verhalten zugrunde, das aber auf der anderen Seite noch mehr Aggressionen anstaut.

Mit Deinem Erscheinen trägst Du größtenteils das zur Schau, was sonst mit allen Mitteln verhüllt bleibt. Bemühe Dich deshalb, Deinen Körper soweit zu bedecken, daß er durch Deine Körperform weder zum Blickfang noch Auffangbecken für Geilheit und negative Spannungen wird. Halte Dir immer vor Augen, daß es in der orientalischen Gesellschaft nicht um verinnerlichte Verbote geht, sondern um Vermeidungsmechanismen. Sobald Du dagegen verstößt, mußt Du mit allen Folgeerscheinungen bis zu hautnahen Berührungen rechnen, für die Du dann letztendlich als Auslöser die Verantwortung trägst.

### Bettler
*– ein Beruf*

Auf Deinem Weg durch die Gassen werden Dich nicht nur viele Kinder als Verteidiger ihres Lebensraums umringen, sondern auch, um Bakschisch, Bleistifte oder Bonbons zu erbetteln. Auch wenn an den Straßenecken unerwartete Mengen von billigem Plastikspielzeug angeboten und gekauft werden, häufen sich in ihrer Welt keine Berge von Spielzeug an. Indem sie von Anfang an auf existentielle Bedürfnisse zurückgeworfen sind, besteht ihre Kindheit hauptsächlich darin, das Familieneinkommen mit dem Verkauf von Zigaretten, Kaugummis, Getränken u.v.m. zu vergrößern. Ihrer Bettelei liegt bitterer Ernst, aber auch manchmal Spielerei zugrunde. Demgegenüber gehören

die Blinden zu den Bettlern, deren Dasein einen gottge-
wollten Berufsstand repräsentiert. Sie verbringen den Tag
damit, das Glaubensbekenntnis zu singen oder den Namen Allahs zu lobpreisen, um den Mitmenschen durch deren Spenden ein Anrecht auf das Paradies zu vermitteln.
Da Almosengeben in den Alltagsgesetzen des Islams ver-
ankert ist, erfüllt es die Funktion einer sozialen Absicherung. Neben Deiner Anteilnahme für die vielen Krüppel,
solltest Du nicht vergessen, daß man schon kleine Kinder
verunstaltet, um sie dieser Gruppe anzuschließen. Während bei uns Kranke und Verunstaltete als für die Gesellschaft nicht mehr funktionsfähige Menschen in dafür vor-
gesehene Anstalten untergebracht werden, sind sie im
Orient Bestandteil des nackten Lebens.

Es fällt manchmal schwer, die vielen Kinder und Bettler
zurückzuweisen, da die Forderung nach Bakschisch kein
Ende nimmt. Einmal auf Dich aufmerksam geworden,
strömen sie aus allen Richtungen herbei, um an der Ein-
nahmequelle teilzuhaben. In manchem Fall bleibt Dir
nichts anderes übrig als schleunigst das Weite zu suchen.

Markante Straßenfiguren sind die Schuhputzer, deren
Blickwinkel stets an der Erdoberfläche haftet. Falls Du
Stoff- oder Wildlederschuhe trägst, ersparst Du Dir stetige
Erklärungen, warum Du von ihrem "shoe-shining" keinen
Gebrauch machen willst.

Die Qualität von Schuhen scheint neben der Sauberkeit
der Kleidung Aufschluß über die gesellschaftliche Stellung
eines Menschen zu geben. Zumindest fällt auf, wie oft den
Schuhen auf der Straße Blicke zugeworfen werden. Hier
und da solltest Du die Hingabe der Schuhputzer an das

Leder und Polieren in Anspruch nehmen, um Dir die individuell gestalteten Schuhkisten, Dosen und Mittelchen anzuschauen, deren Wirkung oft ein Geheimnis bleibt. Wichtig ist, *vorher* den Preis auszuhandeln, denn sonst stößt Du auf unverschämte Wucherpreise.

Und es ist ratsam, die Schuhe auszuziehen, anstatt sie direkt am Fuß putzen zu lassen. Trägst Du nämlich eine Hose, so bietet es sich an, mit der einen Hand unter das Hosenbein zu rutschen, so zu tun, als würde dadurch Dein Gleichgewicht unterstützt und unauffällig Deine Wade zu massieren. Auch in diesem Fall wäre Dein zur Verfügung gestelltes Bein ein Angebot, das natürlich wahrgenommen werden muß. Es geht also immer darum, Verhaltensweisen zu vermeiden, die ungewollte Reaktionen auslösen könnten.

**Führer**
*– Hilfe oder Last?*

Sobald Du das Gewühl innerhalb der Altstadt betrittst und Dich mit einem Blick auf Stadtplan oder Reiseführer als suchender Tourist ausweist, wirst Du immer wieder von kleinen Jungen oder jungen Männern angesprochen, die sich als Führer anbieten. Dies trifft vor allem für touristische Zentren insbesondere der sehr armen Länder zu, also nicht für alle arabischen Altstädte. Viele haben staatliche Lizenzen mit festen Tarifen. Weniger professionell, dafür aber lebendiger sind Kinder und Führer ohne Ausweise. Als Einstieg und für den ersten Überblick empfehle ich Dir, Dich einem dieser Jungen anzuschließen, da manche Sehenswürdigkeiten in der engen Bebauung schwer auffindbar sind. Allen Guides gemeinsam ist die Zielstrebigkeit, mit der sie Dich immer wieder in Teppichläden, Schmuckgeschäfte und verschiedene Handwerks-

manufakturen führen. Sicherlich ist es interessant, genau die Herstellung bestimmter Waren erklärt zu bekommen, doch steckt dahinter in erster Linie das Interesse am Verkauf und an der Provision. Auch wenn Dir versichert wird, ohne Kaufzwang zuschauen zu dürfen, bleibt doch ein unwohles Gefühl, ohne Kauf aufzubrechen, nachdem sich viele Teppiche vor Deinen Füßen entrollt haben.

Schnell wirst Du in das Spiel des Handelns verwickelt. Du solltest also im voraus ausmachen, was Du zu sehen wünschst und strikt betonen, daß Du nichts kaufen willst.

Häufig ist mit der Führung auch ein Besuch im eigenen Haus verbunden. Dort wirst Du dann nach arabischer Gastfreundschaft zum Tee eingeladen und hast die Möglichkeit, Fragen über das alltägliche Leben zu stellen. Einen guten Führer erkennst Du daran, daß er Touristen-Nepp fernhält. Hast Du einmal Vertrauen gefaßt, kannst Du Dich jederzeit und insbesondere in Notfällen an diesen Menschen wenden, seine Hilfe beanspruchen. Oft werden stolz Adressen oder Photos von Touristen gezeigt, die immer noch den Kontakt aufrechterhalten und dadurch die Qualität des Betreffenden "beweisen". Im Kreis dieser weltweiten "Freunde" kann die Begegnung mit Dir nicht einzigartig sein. Das Besondere an dem Kontakt mit Dir ist hauptsächlich Deine europäische Weiblichkeit, in dem Sinne, daß Du als Frau erreichbar bist im Gegensatz zu den einheimischen Frauen, auf die nur unerfüllte Wünsche projeziert werden können. Da das Wesen arabischer Frauen bis zur Hochzeit für die Männer ein Geheimnis bleibt, das selbst danach nicht ganz gelüftet wird, knüpft man an

Dich die Erwartung, das eine oder andere Rätsel zu lösen. Du bist nicht nur ansprechbar, sondern gleichzeitig ein Teil einer Lebensweise, die im Vergleich mit dem starren islamischen Normensystem freizügig und verführerisch wirkt. Die bei uns bestehenden Moralvorstellungen oder bürgerlichen Normen sind nicht bekannt. Was zählt, sind die Bilder aus den Medien und die Erfahrungen mit anderen Touristinnen. Beides vermittelt Eindrücke und Vorurteile, die so gut wie nie durch eigene Auslandsreisen überprüft werden können.

Gerade in dieser Hinsicht ist es wichtig, ein Frauenbild zu verkörpern, in dem Sex nicht zum Dreh- und Angelpunkt einer Begegnung zwischen einer europäischen Frau mit einem moslemischen Mann wird, etwa so als gehöre dieser Akt uneingeschränkt zu unserem Alltag. Ganz im Gegenteil! Aufgrund sexueller Frustrationen verbringen Touristinnen auch gerade dort ihren Urlaub nicht nur unter glühender Sonne und lassen sich bereitwillig von diesen "Märchenprinzen" erobern und verführen. Als Ungläubige sind sie Freiwild und Huren, die schon vor der Ehe sexuelle Erfahrungen sammeln, während dies für Moslems unter Strafe verboten ist. Gleichzeitig gehören sie zu einem Leben, das mit Alkohol, Sex und Geld anziehend wirkt. Mit Verachtung und Sehnsucht zugleich stürzen sich alle Mohammeds, Alis und wie sie sonst noch heißen auf die europäischen Frauen (bis in die fortgeschrittenen Jahrgänge), um diesem erträumten Lebensgefühl wenigstens ein Stück näherzurücken. So mögen alle Beteiligten auf ihre Kosten kommen und ihren Erlebnishunger stillen, aber auch Vorurteile auf beiden Seiten werden so verfestigt.

*Wieweit diese sexuelle (Fehl-)Einschätzung gehen kann, vermittelte mir ein Guide in einer nur kurzfristigen, zufälligen Begegnung in Nefta. Während er meinen Freund und mich auf einem Weg durch die Oase schickte, versuchte er flüsternd eine nächtliche Verabredung mit mir zu treffen, selbst auf der Grundlage, daß ich keinerlei Anlaß dazu gab, da er mir instinktiv sehr unsympathisch war und ich dies auch aussandte.*

In dem Versuch, Interesse und Verständnis für unser wirkliches Frausein zu wecken, leistest Du einen Beitrag zum Abbau von Spannungen und Konflikten gegenüber Touristinnen, auch wenn Du noch andere Erfahrungen sammelst. Alles dreht sich um Sexualität, so daß ich wieder einmal nur betonen kann, nicht aufreizend herumzulaufen und den ganzen Körper mit bequemer Kleidung zu bedekken.

Vorsichtshalber solltest Du Dich nur zu zweit, zu dritt oder in kleinen Gruppen einer Führung anschließen, da es immer wieder abgelegene Plätze und Winkel gibt, die für Dich und den Führer Konflikte heraufbeschwören würden.

*Eine meiner Freundinnen machte eine derartige Erfahrung, indem sie in Algier auf dem Weg durch die Medina von ihrem Führer in eine abgelegene Gasse geleitet und dort bedrängt wurde. Glücklicherweise lief alles noch "harmlos" darauf hinaus, daß der Mann sich selbst befriedigte.*

Nur in der Vermeidung von verfänglichen Situationen können Mißverständnisse und falsche Erwartungen abgebaut werden.

In der Nähe von Sehenswürdigkeiten wirst Du eine Vielzahl von Jungen und Männern treffen, die Dich auf einige besonders tolle Details aufmerksam machen wollen. Wie zufällig beginnen sie mit Dir ein Gespräch, fragen, woher Du kommst, um Dich freundlich gefangen zu nehmen und im nachhinein Bakschisch zu fordern. Dabei präsentieren sich Besonderheiten meist offensichtlich, ohne daß man darauf hingewiesen werden müßte. Ein demonstrativ aufgeschlagener Reiseführer in der Hand ist ein ganz gutes Mittel, ohne viel Erklärungen irgendwelche Dienste abzulehnen. Natürlich sind Informationen vielerorts auch hilfreich, wenn die Überzahl an Informanden eine nicht so erschlagende Wirkung hätte!

## Moscheen
*– die Kirchen des Islam*

Die Sehenswürdigkeiten stammen aus verschiedenen Geschichtsepochen und gehen bis in die Zeit der Pharaonen, Karthager und Römer zurück. In Marokko, Algerien und Tunesien findet man nur noch die Überreste römischer und punischer Bauwerke, während die monumentalen Tempel, die Pyramiden und Gräber aus der Pharaonenzeit in Ägypten nach wie vor einen tiefen Eindruck hinterlassen. Wieweit diese Zeugnisse vergangener Reiche belebt werden, hängt von Deinem Wissensdrang und Deinem Vorstellungsvermögen ab.

Die Moscheen als religiöse Stätten des Islam mit ihren ganz konkreten Verhaltensbestimmungen gehören allerdings zum gegenwärtigen Leben der nordafrikanischen

Staaten. Beim Betreten dieser Orte werden die Schuhe vor dem Eingang abgestreift und gegebenenfalls die Füße gewaschen. Frauen müssen ihre Arme und das Haupt bedecken, um keinen Anlaß für erotische Phantasien zu liefern. Die Kraft der Frau entstammt der Natur, dem magischen Gegenpol zur Religion, diese bestimmt die *Kultur* und das öffentliche Leben. Der Wirkungsbereich der Frauen liegt demnach außerhalb religiöser Stätten. Mit dem Betreten der Moschee berührst Du also ein ausschließlich männliches Kräftefeld, dessen Dogmen Du in der Verhüllung Deines Körpers unbedingt respektieren solltest.

Innerhalb dieses Gebäudes wirst Du keinen Geistlichen vorfinden, da es im Islam keinen Klerus als Vermittler der Lehre gibt. Ebenso besteht keine Institution wie Kirche, da alles Staats- bzw. Rechtsorganisation ist, wie sie durch *Ko-*

*ran, **Sunna** und **Konsensus** festgelegt wurde. Angesichts der Konflikte zwischen Juden und Christen strebte Mohammed eine Glaubensgemeinschaft *(Umma)* an, in der alle Menschen vor Gott gleichgestellt sind. Er kämpfte dabei auf zwei Fronten: zum einen wollte er die Heiden zum Monotheismus bewegen, zum anderen mußte er gegenüber den monotheistischen Religionen die Echtheit seiner Botschaft bekräftigen.

Innerhalb der neuen Gemeinschaft konnte von nun an jeder gläubige Mann **Muezzin** (Gebetsverkünder) sein. Daß Gläubige auch mal entspannt schnarchend ihr Mittagsschläfchen im Schatten der Moschee halten, sollte Dich nicht weiter wundern. Die Moschee ist ein Teil der männlichen Lebenswelt, in die Mann sich auch als angenehme Zufluchtsstätte vom Straßenlärm und Geschäftstreiben zurückzieht. Falls Du nicht eindeutig erkennen kannst, ob Nichtgläubigen der Zutritt erlaubt ist, so erkundige Dich rechtzeitig am Eingang danach.

In den Moscheen und anderen islamischen Bauwerken gibt es keine bildhaften Darstellungen von Menschen, da diese im Islam verboten sind. Die ganze schöpferische Gestaltungskraft gilt der Stilisierung der Natur in einem symbolischen, arabeskenhaften Ausdruck. Aufgrund des Verbotes von Skulpturen und Bildern mündet die gesamte Kreativität in abstrakten Ornamenten und Reliefs. Daraus folgt aber auch allgemein, daß es unmöglich ist, z.B. Gefühle bildhaft auszudrücken. Eine Ausnahme bildet der Bauchtanz, zu dem ich später noch einiges sagen will.

## Behörden
### – Geduldsprobe

Den unüberschaubaren äußerlichen Lebensbedingungen entspricht in gleichem Maße eine wuchernde Bürokratie, der jeder (auch Du) ausgeliefert gegenübersteht. Bei den meisten Beamten handelt es sich um gut ausgebildete Uniabsolventen, deren Einkommen außerordentlich niedrig ist, so daß viele einer Nebenbeschäftigung z.b. als Taxifahrer oder Kellner nachgehen müssen, um ihren täglichen Lebensunterhalt abzusichern. Aus ihrer dennoch privilegierten Berufsposition heraus begegnen sie Dir oft arrogant und überheblich, dies der einheimischen Bevölkerung gegenüber noch mehr. Das niedrige Einkommen und der darum notwendige Nebenverdienst in anderen Dienstleistungen fördert zunehmend Frustrationen, die sich dann in den Situationen entladen, in denen wenigstens ein Minimum an Einflußnahme ausgeübt werden kann. Das auch durch Korruption Nebeneinnahmen erzielt werden, ist einleuchtend.

Falls Du eine Behörde aufsuchen mußt, bringe Zeit, Geduld und selbstbewußtes Auftreten mit. Achte bei Deiner Kleidung penibel auf Sauber- und Vollständigkeit, so daß Du nicht gegen die muslimische Lebenshaltung verstößt. Europäischen Frauen gegenüber legen die meisten Beamten ein freundliches, aber kokettierendes Verhalten an den Tag, sobald sie auf ein gewisses Maß an Charme stoßen. Doch solltest Du Dich nicht unbedingt auf Deine weiblichen Reize verlassen, weil die Grenze zwischen Sympathie und Verächtlichkeit gegenüber einer aufgeschlossenen Touristin auf subtile Weise variabel ist. Zu einem höheren Beamten vordringen zu wollen, heißt, die Funktion und Bedeutung der anwesenden Person zu verneinen und Ehre sowie Stolz anzugreifen. Solltest Du nicht zum Ziel kommen, so verabschiede Dich höflich und wechsle zum Beamten im nächsten Zimmer oder Schalter über. Versuche *nie* von Dir aus einen Bestechungsversuch! Wichtige Unterlagen sind stets Reisepaß, mehrere Paßbilder, Flugticket, Umtauschbescheinigungen DM/Dollar, Banknachweise, Hochschulbescheinigung (3-sprachig) etc. Im Bereich des Rechtwesens wirst Du nie eine Frau in richterlichen Positionen antreffen. In Anbetracht der gesellschaftlichen weiblichen Unterdrückung mag diese Bemerkung überflüssig wirken, jedoch wird jeder rechtliche Wandel schon dadurch verhindert, daß Frauen von der Rechtsprechung ausgeschlossen sind.

Das heißt aber nicht, daß Deine Rechte gemindert werden, falls Du z.B. eine Diebstahlsanzeige erstattest. Mit Hilfe eines männlichen Touristen ("Verwandter") kannst Du irgendwelchen Mißständen zusätzlich Nachdruck verleihen.

## Fotografieren
*– die Kamera, eine Waffe?*

Sobald Du einen Fotoapparat auf Menschen richtest, löst Du unterschiedliche Reaktionen aus, die verschiedene Zielgruppen betreffen. Frauen (als nur geduldete Wesen in der Öffentlichkeit) sind sich ihrer Schönheit zwar bewußt,

die darf aber nur im Verborgenen, d.h. für den Ehemann blühen. Jede Zur-Schau-Stellung ihres Äußeren ist verpönt und anrüchig, so daß sie darauf bedacht sein muß, daß nicht einmal ein Augen-Blick von ihrem auf Objekthaftigkeit ausgerichteten Wert eingefangen wird. In der Gegenwart von Männern verdecken sie ihr Gesicht, wenden sich ab oder laufen sogar fort. Natürlich wirst Du Fotos von Straßenszenen mit Frauen machen oder Familien fotografieren können, die Du kennengelernt hast. Durch den Eintritt in die Intimsphäre des Hauses bist Du dann auch kein Fremdling mehr, wobei Du als Frau einen leichteren Zugang in die häusliche Umgebung findest.

Viele alte Leute lassen sich nicht auf Papier bannen, weil der Islam bildhafte Darstellungen von Menschen verbietet. Darum solltest Du immer erst um Erlaubnis fragen, bevor Du einen älteren Menschen fotografierst und dadurch Achtung, Respekt und Verständnis zeigen. Doch überwiegt trotz dieses Gebots bei den meisten Menschen die Eitelkeit und der Wunsch, etwas von sich als Erinnerung zu bewahren. Während sich Frauen und Alte in diesem Punkt manchmal scheu verhalten, fühlen sich Männer geschmeichelt, wenn Du ihnen Beachtung schenkst. Diese Würdigung durch einen Fotoapparat entspricht ihrem Stolz und Selbstbewußtsein, was sie beides in jeder Pose verkörpern. Kinder und vor allem Jungen drängen sich sogar übermütig vor die Linse, daß sie platzen müßte!

Fotografieren kann somit kommunikationsfördernd sein. Oft wird man Dich bitten, später Abzüge zuzuschicken. Dadurch sammeln sich im Verlauf Deiner Reise einige Adressen an. Tatsächlich gibt es kaum Familien, die einen

Fotoapparat besitzen. Fotos gehören zu den Dokumenten, die nur entscheidende Lebenssituationen und in den meisten Fällen Hochzeiten festhalten.

Genauso häufig fordern Menschen statt der Fotoabzüge Bakschisch, besonders wenn sie in ihrem ärmlichen Dasein ein für Touristen exotisches Motiv abgeben müssen. Auch dies "Sich-Bezahlen-Lassen" gehört zu einer Gesellschaft, in der Menschen gezwungen werden, alle Möglichkeiten auszuschöpfen, um ihr Existenzminimum zu erwerben.

Ich selbst habe es immer vorgezogen, mit einer Pocketkamera zu fotografieren, da ich keine Lust hatte, eine umfangreiche Ausrüstung mitzuschleppen und auf sie aufzupassen. Zum anderen konnte ich damit unauffälliger Fotos machen.

Grundsätzliches Fotografierverbot besteht in der Nähe von Militäranlagen, Brücken, Häfen. Auch in Armenvierteln solltest Du es vermeiden, Elend und Not als Bildmotiv erleben zu wollen.

Aber auch auf Dich wird man es oft als "Modell" abgesehen haben. Es macht sich gut, mit einer Europäerin zusammen auf einem Bild zu stehen und darin Aufgeschlossenheit sowie eine moderne Lebenshaltung zu demonstrieren. Besonders oft erlebte ich dies im Badeort Marsah Matruh (Ägypten), wo ein Fotograf mit Sofortbildkamera am Strand herumlief. Erst im nachhinein wurde mir bewußt, wieweit ich in meiner westlichen Unbefangenheit gegangen war, mich in Badekleidung für ein Foto neben einem Mann aufzustellen. Mein Freund (!) wurde immer wieder von Männern, die auch in Begleitung ihrer Familien waren, gebeten, mich für eine Aufnahme "auszuleihen". In Anbetracht islamischer Werte kann dies wohl einer Bitte, ein Sex-Foto machen zu dürfen, gleichkommen. Nur durch solche Erlebnisse kann man wohl erfahren, wie lästig und beschämend es ist, ohne eigenen Wunsch fotografiert zu werden und nicht zu wissen, welche Blicke und Gedanken sich später an das eigene Abbild heften.

# Auf dem Land

*das einfache Leben*

Wie in der Stadt, Gasse und Viertel, bilden der Stamm und das Dorf auf dem Lande die elementarsten Einheiten der islamischen Gesellschaft. Die Strukturen der einzelnen Gruppierungen drücken sich durch Verwandtschaftsverhältnisse aus, in reinster Form bei den nomadischen Hirten. Verstreute ländliche Anwesen sind selten, vielmehr setzen sie sich als Dorf zu einem autarken Mikrokosmos zusammen.

Neben einer kleinen bürgerlichen Mittelklasse und Oberschicht lebt die Mehrheit der Bevölkerung auf dem Land.

Da auf dem Land weniger Touristen auftauchen, begegnen Dir dort einerseits mehr Skepsis, andererseits aber auch eine herzliche Gastfreundschaft. Ob in den abgelegenen Dörfern oder in Oasen, immer wirst Du auf Neugier und Anteilnahme stoßen. Die Verständigung ist etwas schwierig, wenn Du nicht ein paar arabische Ausdrücke gelernt hast, die Du vor allem im Gespräch mit Frauen anwenden mußt. Frauen, in den meisten Fällen Analphabetinnen, sprechen selten Englisch oder Französisch. Eine Unterhaltung mit ihnen ist wie immer nur beschränkt möglich und Du mußt alle Mittel der Zeichensprache einsetzen. Auskünfte über die Situation von Frauen erteilen überwiegend Männer bzw. vermitteln sie die Gespräche als Übersetzer. Ohne Bildung verläuft ihr Leben insofern unbewußt, daß sie ein Rollenverhalten übernehmen, das ihnen schon immer zugeschrieben wurde.

Im Rahmen Deiner eingeschränkten Kommunikationsmöglichkeiten gewinnst Du sicherlich überwiegend den Eindruck eines stummen und schicksalergebenen Frauendaseins. Doch gerade auf dem Land werden noch magische Rituale und Praktiken angewandt, in denen Frauen Trägerfiguren dieser für die Lebenspraxis notwendigen Kräfte sind. Ihr Leben verläuft in einem anderen Naturzusammenhang als bei uns, was analog zur Natur ein anhaltendes Gebärvermögen fordert.

Des weiteren beruht Magie auf der "Natürlichkeit" eines weiblichen Wesens, die uns immer mehr verloren geht, wenn wir von Gleichberechtigung reden und damit die Übernahme und Unterstützung einer patriarchalischen Denkweise meinen. Wir sind mittlerweile weit davon entfernt, innerhalb der Frauengemeinschaft den Platz zu suchen, an dem weibliche Energien zusammenfließen wie es im Orient der Fall ist. Um dies zu erfahren, mußt Du viel Zeit mitbringen und Dich länger an einem Ort aufhalten, um tiefer in diese Zusammenhänge eingeführt zu werden.

Während der Schleier und die Zurückgezogenheit in der städtischen Welt, d.h. in der Überlagerung männlicher und weiblicher Bereiche, den Schutz der Intimität garantieren,

sind diese Räume auf dem Land noch streng voneinander getrennt. Selbst das Wasserholen weicht der Lebenswelt der Männer aus, indem jede Sippe entweder einen eigenen Brunnen hat oder Frauen die Wasserstelle nur zu einer Tageszeit aufsuchen, zu der es für die Männer unehrenhaft wäre, sich dort aufzuhalten. Dort werden Nachrichten ausgetauscht, intime Angelegenheiten beschwatzt, über die z.B. die Männer untereinander niemals sprechen könnten, ohne sich zu entehren. Der Brunnen stellt somit einen wichtigen Umschlagplatz für die neuesten Nachrichten dar, wodurch u.a. sowohl eine soziale Kontrolle über das Verhalten der einzelnen Dorfbewohner ausgeübt wird als auch die Männer durch ihre Frauen von "Intimitäten" erfahren, nach denen sie selbst nie fragen könnten. Wieder diese Doppelmoral, bei der es immer nur darauf ankommt, nach außen hin Normen und Regelungen für das soziale Leben einzuhalten, auch wenn es hinter der Fassade davon abweicht.

Fast könnte man sagen, daß der Mann tagsüber während der Feldarbeit von seinem Haus genauso ausgeschlossen ist wie die Frau darin eingeschlossen wird.

In der Zuteilung geschlechtsspezifischer Tätigkeitsfelder ist der Mann der Träger des öffentlichen Lebens, dem er auf den Feldern oder in der Versammlung mit Männern nachgeht. In den Abendstunden wirst Du auf den Dorfplätzen nur Männer sehen, die ihren Tee trinken, sich an Brettspielen erfreuen, Wasserpfeife rauchen oder auf dem aufgestellten Fernsehapparat das neueste Geschehen verfolgen. Die Frau zu Hause verrichtet die Hausarbeit und die

Kindererziehung, die gleichermaßen der Welt des Intimen und der Naturgeheimnisse angehören. Im Vergleich mit dem städtischen Leben erfährt die Landfrau eine weitaus stärkere Eingebundenheit und Einflußnahme in der naturbezogenen Lebenswelt.

Es ist daher unverständlich, wenn Du als Frau noch keine Kinder zur Welt gebracht hast, was aber natürlich unbedingt an die Heirat gebunden sein muß. Wie bereits erwähnt, befindest Du Dich als "Verlobte" auf dem besten Weg zu einem erfüllten Frauenleben.

Stärker als in der Stadt, stehst Du hier im Gegensatz zu einem Frauenbild, das ausschließlich über *Analogien zur Natur* festgeschrieben wird. Du bist also nicht nur als Touristin ein Fremdkörper, sondern auch als Frau, da Du Dich von Deiner natürlichen Bestimmung abgelöst hast. Und gerade die Männer wissen nicht so recht, was sie von Dir halten sollen! Die Folge ist dementsprechend Skepsis, Zurückhaltung und Beobachtung Deines Auftretens, was sich aber selten zu Konflikten ausweitet. Der Aufenthalt auf dem Land ist weniger aggressiv, allein schon wegen der Stille wohltuend und im zwischenmenschlichen Umgang entspannt. Du mußt selbstverständlich erst einmal Zugang zu den Menschen finden. Aber auch das ist nicht schwierig. Sobald Du ein paar Tage lang an denselben Plätzen und Straßenecken innerhalb des übersichtlichen Dorfes auftauchst, gehörst Du schon bald zu den bekannten Gesichtern, die begrüßt werden.

## Magie

Den Hexenverfolgungen in Europa lagen nicht nur die Vorstellungen von Frauen zugrunde, die mit dem Teufel im Bunde standen und auf dem Besen durch die Luft ritten. Diese Bilder dämonisierter Weiblichkeit lieferten vielmehr Vorwände für die Ablehnung bzw. Angst vor der weiblichen Sexualität. Zum anderen wurde in der Verfolgung der Ausschluß der Frau aus der Öffentlichkeit legitimiert, in der mit dem Entstehen neuer Staats- und Wirtschaftsformen der heidnisch-magische Glaube an die weiblichen Kräfte keinen Platz mehr fand. Sieht man in den emanzipatorischen Bestrebungen der Frauen einen Angriff auf das Patriarchat, so läßt sich darin das Entstehen des Marienkults und Hexenbildes als Mittel zu Bekämpfung der bedrohten Vormachtstellung erklären. – (Wenn Du mehr über Hexenverfolgung und ihre vielschichtigen sozialen und machtpolitischen Hintergründe erfahren möchtest, vgl. Literaturliste).

Daß es im *Orient* keine Hexenverfolgung gegeben hat, liegt daran, daß die Geschlechtertrennung bis in die Anfänge der muslimischen Gesellschaft zurückgeht. Im Laufe der gesellschaftlichen Stagnation über Jahrhunderte hinweg bedurfte es aufgrund des fehlenden gesellschaftlichen Wandels keiner neu einsetzenden Dämonisierungsprozesse, um patriarchalische Machtstrukturen abzusichern, da sie stets abgesichert waren. Vielmehr gehören Magie und Tanz zu den wesentlichen Elementen der Frauenkommunikation, die deshalb ihren beschränkten Einfluß bewahren konnten, weil sie in der Segregation keine Gefährdung für gesellschaftliche Strukturen darstellen, sondern lediglich das enge Verhältnis zwischen Mensch und Natur widerspiegeln. Gegenüber der Religion, die im wesentlichen männlich ist, verkörpert die Magie Weiblichkeit und eine Sache, die vor den Männern geheimgehalten wird. Magische Rituale und die Anwendung von Fruchtbarkeitsriten üben auch heute noch eine positive Wirkung auf die Steigerung der Gebärfähigkeit aus, vor allem um bisher kinderlose Frauen vor Verstoßung und Scheidung zu bewahren.

Der Einfluß alter Traditionen und Werte ist entscheidend für den Wirkungsbereich der Magie, wobei die Grundlagen in dem Glauben an **Dschinns,** unsichtbare Geister, den bösen Blick etc. liegen. Ein *'Afarit'* z.B. soll aus Feuer bestehen und viele tausend Jahre vor Adam geschaffen worden sein.

Er kann als Gehilfe Menschen in ihrer teuflischen Absicht dienen, andere zu verhexen. Viele Bauern glauben erst an die Wirkung von Medizin, wenn diese unter magischen Ritualen verabreicht wird. Mit Hilfe von Amuletten kann man sich gegen Krankheit, böse Blicke oder schlechte Absichten anderer schützen. Manchmal werden sogar kleine Jungen in den ersten Jahren nach ihrer Geburt als weniger attraktive Mädchen verkleidet, um die Aufmerksamkeit von ihnen abzulenken.

Ein weitverbreiteter Glaube in Tunesien bezieht sich auf das **"schlafende Kind".** An ihm wird deutlich, wie Frauen gegen die von allen gefürchtete Unfruchtbarkeit eigene Kulte entwickelten. Dieser Glaube soll in die frühislamische Zeit zurückgehen. Ein alte Frau kann feststellen, daß im Leib einer angeblich unfruchtbaren Frau ein Kind "schlafe".

Da der Intimbereich nur den Berührungen durch Frauen zugänglich ist, müssen die Männer ungeprüft diese Entscheidungen annehmen. Der "Schlaf eines Babys" dauert zwischen einigen Monaten bis zu 7 Jahren, um dann irgendwann aufzuwachen und auf die Welt zu kommen. Einer Verstoßung wird dadurch die wichtigste Grundlage, die Unfruchtbarkeit, entzogen. In einer strengen patriarchalischen Gesellschaft ohne Rechte für die Frauen, bauten diese eine eigene weibliche Welt auf, aus der sie ihre Kraft ziehen. Ihre eigenen Mythenreligionen sind eine Mischung aus islamischen und traditionellen berberischen Elementen, in denen Geister, Hexen und Magie eine wesentliche Rolle spielen. Die Magie hat jedoch für die Männer nur solange ihre Wirkungskraft wie die Frauen als Gebärmaschinen funktionieren. Wie ein zu befruchtender Acker (Koran!) liegt in der Fruchtbarkeit der Frauen die Verbundenheit zur Natur einschließlich ihrer magischen Kräfte. Bleibt eine Frau unfruchtbar, verliert sie gleichzeitig ihre weibliche Existenzberechtigung. So positiv die Einflußnahme magischer Rituale auch erscheinen mag, nährt sie andererseits ebenso die traditionellen Vorstellungen von einer ausschließlichen Lebensbestimmung als einen zu befruchtenden Körper.

Ein anderes Ritual, das einen Ausgleich zur männlichen Autorität und Vorherrschaft darstellt, ist der von Frauen praktizierte *Zar-Kult* (Exorzismus) in Ägypten. In einer Art Psychotherapie werden aufgestaute Gefühle wie z.B. unterdrückte Sexualität oder Depressionen innerhalb des Schonraums einer Frauengruppe freigesetzt und abgebaut. Diagnose und Behandlung erfolgen gleichzeitig im

Rahmen von verschiedenen Ritualen, Gesängen, Tanz und Gesprächen mit anderen Frauen. Da es ihnen untersagt ist, in Cafés oder an öffentlichen Plätzen herumzusitzen, bilden diese Zusammenkünfte einen Ersatz. Hauptsächlich bieten sie allerdings die Möglichkeit, psychosomatische und psychologische Störungen zu beseitigen.

Wieweit der Glaube an dämonische Kräfte im Alltagsleben integriert ist, soll folgende dpa-Meldung vom 10.12.84 verdeutlichen:

---

### Mit Dämonin verheiratet

Kairo (dpa). Ein Gericht in Kairo hat der Scheidungsklage einer Ägypterin stattgegeben, weil ihr Ehemann nach Überzeugung des Richters eine zweite Ehe mit einem weiblichen Dschinn, einer Dämonin, eingegangen war. Das Gericht fand keinen greifbaren Beweis für die Behauptung der Frau. Doch da der Koran die Dschinn 29 mal ewähnt, sei erwiesen, daß die "aus dem Feuer des Samum erschaffenen" Geister existieren, hieß es in der Urteilsbegründung.

---

Vielleicht hast Du Gelegenheit, das eine oder andere Ritual zu erleben!

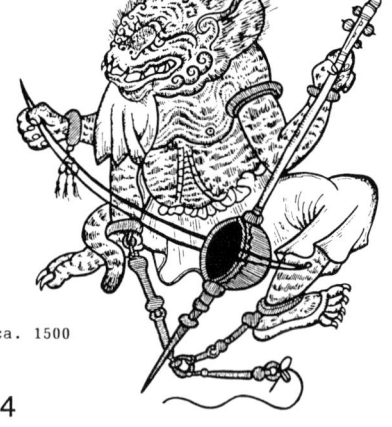

Musizierender Dämon  Iran, ca. 1500

# *Essen und Trinken*

## *Was, Wie, Wo*

Restaurants, Essensküchen, Straßenstände und fliegende Händler bieten Dir ausreichend Gelegenheit, Dich mit anderen Eßgewohnheiten vertraut zu machen. Bevor Du aus Skepsis und Vorsicht gegenüber Bakterien Deinen Körper durch Nahrungsmittelentzug schwächst, solltest Du es vorziehen, Dich langsam auf das Essen umzustellen.

Als oberste Regel gilt, ungekochtes Wasser, eisgekühlte Getränke, rohes Fleisch, Salate und ungeschältes Obst zu vermeiden, da darin die meisten Krankheitsherde lauern. Dagegen kannst Du z.B. alle Fleischspieße an der Straße essen, wenn sie völlig durchgebraten sind. Je eher sich Dein Körper an die neue Nahrung gewöhnt hat, desto schneller wird er Widerstandskräfte gegen alle möglichen Infekte entwickeln. Kurzfristig auftretende Durchfälle, sowohl durch falsche Nahrung, als auch durch zu intensive Sonnenbestrahlung hervorgerufen, sind anfänglich an der Tagesordnung. In diesem Fall mußt Du ausreichend Flüssigkeit zu Dir nehmen (am besten Tee), außerdem fördert das Kauen von trockenen Kichererbsen die Normalisierung der Darmtätigkeit. Achte ebenso auf eine ausgewogene Eiweißzufuhr, das am meisten in Bohnen/ Linsen enthalten ist, die in Ägypten bereits morgens gegessen werden. Auf ein für uns vertrautes "Kontinental Frühstück" wirst Du verzichten müssen. Pfefferminztees pflegen wohltuend Deine Magenwände, Melonen stillen erfrischend Deinen Durst.

Das Essen von Schweinefleisch sowie das Trinken von Alkohol ist laut Koran verboten. Auch wenn einige Restaurants alkoholische Getränke an Touristen ausschenken, versteht es sich, daß Du Dich nicht gerade damit für alle sichtbar auf der Terrasse niederläßt. Frauen und Alkohol in der Öffentlichkeit geben eine unvorstellbare Kombination ab. Wenn mit den Fingern gegessen wird, so lege die linke Hand (unrein!) in den Schoß, ohne sie weiter zu benutzen.

Grundsätzlich ist es höchst unfein und beleidigend, so zu sitzen, daß Dein Gegenüber Deine Fußsohlen sieht. Dies bezieht sich besonders auf das Einnehmen von Mahlzeiten auf dem Fußboden. Hier ist der Schneidersitz angebracht. Rauche und esse während des Fastenmonats (Ramadan) zwischen Sonnenauf- bis Sonnenuntergang nicht in der Gegenwart von Moslems.

Solange man den Koran liest, wird nicht getrunken oder geraucht. Außerdem ist es verboten, den Koran mit der linken Hand aufzuschlagen oder eine anderes Buch auf ihn zu legen.

In besseren Restaurants wirkt das Essen appetitlicher zubereitet, jedoch liegt dies oft nur daran, daß Du nicht in die Küche schauen kannst. Die Preise stehen in keinem Verhältnis zum allgemeinen Lebensstandard und entsprechen oft einem durchschnittlichen Wochenverdienst. So

wie sich das Leben auf der Straße abspielt, gehört auch das Essen in dieses Umfeld. Dort kannst Du in die Töpfe schauen, die Preise erfragen und es Dir dann unter den belustigten Augen der Einheimischen schmecken lassen.

Als Folge des westlichen Wohlstands mußt Du jedoch ständig mit Bakschischforderungen rechnen, so daß Dir oft genug der Appetit vergeht. Die Situation ist schlechthin zwiespältig: entweder ißt Du in Touristenrestaurants und läßt dort die Summe an Geld, von der eine einheimische Familie eine Woche lang satt wird oder Du stellst Dich an die Straße, um immer wieder belästigt zu werden. Wichtig ist, nicht mit dem Essen in der Hand den Weg fortzusetzen, da Dich dann erst recht Kinder und Bettler verfolgen. Zu empfehlen sind die kleinen Restaurants, in denen auch Einheimische ungestört ihre Mahlzeit einnehmen. So kannst Du Dich den Blicken auf der Straße entziehen und noch bereitwillig den wenigen Bettlern Almosen geben, die durch die Gaststätten streifen und zum gewohnten Alltagsbild gehören.

Falls Du (vor allem abends) noch ein Kaffeehaus aufsuchen möchtest, solltest Du Dich (besonders in größeren Städten) vorher erkundigen, in welchem Viertel es anstößig wirkt, zu dieser Zeit als Frau noch unterwegs zu sein.

Nur so kannst Du unliebsame Zusammenstöße vermeiden, die auf beiden Seiten auf Mißverständnissen beruhen. Es besteht kein Verbot, in Männergesellschaft Platz zu nehmen, Tee zu trinken und Dich gegebenenfalls mit ihnen zu unterhalten. Die Art und Weise Deines Auftretens bestimmt wie immer den Handlungsverlauf.

Anders als bei uns, gibt es außer in großen Hotels keine Möglichkeit, abendlichen Vergnügungen (wie Disco- oder Kneipenbesuchen) nachzugehen. Wie schon mehrmals erwähnt, treffen sich die Männer mit ihren Freunden in Cafés, da es nicht üblich ist, zu Hause, d.h. im Lebensbereich der Frauen, außerfamiliären männlichen Besuch zu empfangen. In den Abendstunden wirst Du keiner arabischen Frau begegnen, die allein unterwegs ist. Ich würde Dir empfehlen, es ihnen gleich zu tun. Gehst Du trotzdem des Nachts aus, mußt Du zumindest damit rechnen, auf der Straße angemacht zu werden. Auf jeden Fall solltest Du Dich nur auf belebten Straßen und Plätzen aufhalten bzw. dort, wo andere Touristen anzutreffen sind. In abgelegenen Gassen kann es zu Zusammenstößen kommen, die sich gewalttätig äußern, da Du mit Deinem Erscheinen Männer herausforderst und Dich als Angebot präsentierst.

# Bauchtanz

## zwischen Nightclub und Geburtsritual

Da bei allen Festen der Bauchtanz vorgeführt wird, möchte ich mehr über ihn (als wesentliches Element der orientalischen Welt) erzählen. Auch bei uns gewinnt er als Symbol weiblicher Ganzheit an Bedeutung. Gezwungen durch das Verbot der bildlichen Darstellung des menschlichen Körpers, konzentrieren sich die islamischen Künstler auf die Stilisierung der Natur in einem symbolischen, ornamentalen Ausdruck wie sie in den islamischen Bauwerken einmalig geblieben ist. Anstelle der verbotenen Darstellung des menschlichen Abbilds als Skulptur und Bild bot sich der Bauchtanz als lebendige Möglichkeit an, Gefühle auszudrücken. Interpretiert als erotische Bewegung lieferte er zudem im Verlauf der Geschichte ein Ventil für die zunehmende Unterdrückung sexueller Lüste in der Öffentlichkeit. Die Tänzerin mußte jedoch für die Darbietung ihres Körpers einen hohen Preis bezahlen, indem sie von den Männern zwar begehrt, im alltäglichen Leben aber für ihre gefährdende Freizügigkeit geächtet wurde. Der Schleier diente bezeichnenderweise zur Zeit Mohammeds dazu, die ehrbaren Frauen von den unverschleierten (un-

7.08.1998

Bunter Seniorennachmittag im Dornberger Schützenfestzelt. Bauchtänzerin
Günül alias Petra Kolb zog die Augen aller auf sich.                    Foto: Jöhner

## Bunter Seniorennachmittag des DRK Dornberg

ehrenhaften) Sklavinnen und Tänzerinnen abzugrenzen. Während in der Vergangenheit öffentliches Tanzen und Musizieren in Ägypten ausschließlich von den Frauen eines wenig angesehenen Stammes vorgeführt wurde, hat sich der Tanz heutzutage zu einer akzeptierten Lebensäußerung für jede Frau entwickelt. Auch heute wird der Bauchtanz zwar noch oft mit einem orientalischen Striptease verwechselt und als aufreizende, anmachende Bewegung verstanden; er gehört aber nicht mehr zum Bereich der Prostitution oder zum Amüsement der Kolonialherren, sondern verkörpert eine Kunst, durch die keine Frau mehr ihren guten Ruf verliert.

Die Wertung des Bauchtanzes in den Berichten europäischer Reisender des 19. Jahrhunderts ist, geprägt durch den viktorianischen Zeitgeist, überall ähnlich: lasziv und obszön.

Unbeachtet blieb weitgehend, daß (wie z.B. in Algerien) erst aufgrund der Besetzung durch Kolonialmächte Bordelle entstanden, in denen Mädchen durch Tanzen und Prostitution Geld für ihre Familie und Aussteuer verdienten. Der auch heute noch übliche Bauchtanz-Gürtel aus Münzen stammt aus dieser Zeit, in der Tänzerinnen mit Gold- und Silbermünzen bezahlt wurden. Durch die Sinnentleerung dieses Tanzes, der als sexuelle Animation in die Nachtclubs der westlichen Welt seinen Eingang fand, geriet die ursprüngliche soziale Funktion bei uns völlig ins Vergessen.

Noch heute wird dieser Tanz als eine Art Geburtstanz oder -ritual in Marokko und Saudi-Arabien praktiziert. Dabei werden von mehreren Frauen die Bewegungen von

Wehen und Geburt in sanften Schwingungen imitiert und auf die in der Mitte hockende Gebärende übertragen. Was eigentlich natur- und erdgebundene Bewegungsabläufe ausdrückt, wurde bei uns mit zunehmender körperlicher Entfremdung als unanständig und somit nicht gesellschaftsfähig betrachtet. Eine weitere soziale Bedeutung ergibt sich aus der Intimität zwischen Frauen wie sie innerhalb der Frauengruppen arabischer großverwandtschaftlicher Sippen vorzufinden ist. Der Bauchtanz wird als ihr ureigenster Spaß empfunden, in dessen verdichteter Atmosphäre die Frauen sich öffnen und Freude sowie Lust an ihrer Körperlichkeit empfinden, was ihnen im öffentlichen Leben verwehrt bleibt. Diese Verbundenheit gibt ihnen Kraft, sich gegen die männliche Übermacht zu schützen.

Heutzutage wird in den arabischen Ländern trotz jeweils eigenständiger Folklore vielfach diese aus Ägypten stammende orientalische Tanzform nachgeahmt. Als das Herz der arabischen Nation ist der Einfluß Ägyptens auf allen Gebieten der Kultur spürbar: Musik-, Theater-, Film- und Fernsehproduktionen überschwemmen die arabischsprechenden Länder einschließlich der darin enthaltenen ideologischen Einflüsse.

Daß dem Bauchtanz in seiner originalen Bedeutung zunehmend auch im Westen Beachtung geschenkt wird, kann auf folgende Grundzüge zurückgeführt werden: anstelle von ausschweifenden, raumgreifenden Bewegungen der meisten europäischen Bein-Tänze wird die Konzentration auf die Körpermitte gerichtet. Nicht die abstrakte Idee des Tanzes, die Erfüllung ästhetischer Figuren steht im

Vordergrund, sondern die Belebung des ursprünglichen Kraftzentrums und die Bewußtwerdung der eigenen Erotik und Sinnlichkeit. Nicht von außen angeordnete Bewegungsnormen lösen Freude aus, sondern die Schwingungen von Becken und Hüften in einer Art, die im Westen bislang als unanständig unterdrückt wurde. Darin spiegelt sich deutlich das aktive Prinzip der weiblichen Sexualität wider, die ursprünglich den arabischen Frauen zugeschrieben wird. Im Gegensatz zur abendländischen weiblichen Passivität, die sich beim Tanz in der männlichen Führung ausdrückt, werden beim Bauchtanz provozierende Energien freigesetzt. Da diese aber eine gefährliche Kraft für die Gesellschaft darstellen, müssen sie mit der arabischen Frau aus der Öffentlichkeit verbannt werden *(Segregation).* Zu jedem feierlichen Anlaß (besonders zu Hochzeiten), bei dem Frauen und Männer getrennt voneinander ihrer Freude am Fest nachgehen, wird Bauchtanz vorgeführt. Ebenso gehört er in vielen Hotelbars zur Ausstattung orientalischer Atmosphäre.

Auch in unserer von Rationalität und Logik bestimmten Gesellschaft können europäische Frauen im Bauchtanz eine Lust entdecken, die zur Harmonie von Körper und Geist zurückführt. Nachdem weibliche Körperlichkeit in der Werbung vermarktet und nur männerbezogene Lust propagiert wurde, erfahren Frauen nun ihre Freude, Sinnlichkeit und Kraft am eigenen Körper. Nicht mehr Konkurrenz zwischen Frauen steht im Mittelpunkt, sondern das gemeinsame Erleben einer erotischen weiblichen Identität.*

---

* Literaturtip: D. Karkutli, *Das Bauchtanzbuch,* Hamburg 1983

# Das Privatleben

Im Gegensatz zum allgemein arroganten und mit Vorurteilen behafteten Verhalten gegenüber Ausländern bei uns, weckt Dein Erscheinen im Orient stets Neugier und Bereitschaft zur Kontaktaufnahme (sowohl aus materiellem als auch aus menschlichem Interesse). Es gibt verschiedene Gelegenheiten, die arabische Gastfreundschaft kennenzulernen. Ob Du nun zum Teetrinken, Cous-Cous-Essen, zur Hochzeit oder zum Fest der Beschneidung des jüngsten Sohnes eingeladen wirst, immer betrittst Du aber die Intimsphäre der Familie. Als Frau wirst Du einen leichteren Zugang finden als z.B. alleinreisende Männer, denen es zwar weniger Schwierigkeiten und Konflikte bereitet, mit Männern Kontakte aufzunehmen, die aber trotzdem als nicht geduldete Eindringlinge betrachtet werden, sobald sie sich dem weiblichen Lebensbereich des Hauses nähern.

Entweder lernst Du das Familienleben durch Männer kennen, die mit Dir im Café, beim Stadtgang, im Bazar oder zu anderen Gelegenheiten innerhalb des öffentlichen Lebens Kontakt aufgenommen haben oder durch Frauen, mit denen Du auf dem Markt, beim Einkauf oder nur durch ein Lächeln irgendwo Bekanntschaft geschlossen hast. Frauen werden Dich von selbst kaum ansprechen, wenn Du sie nicht durch Blicke, Gesten oder eine freundliche Miene dazu ermunterst. Solange sie sich außerhalb der kleinen Gassen in der Öffentlichkeit bewegen, werden sie kaum versuchen, die Aufmerksamkeit auf sich zu lenken. Das heißt aber nicht, daß es unmöglich ist, mit ihnen zu reden, solange es keine sprachlichen Barrieren gibt. An der Art des Blicks, der Bewegungen und Mimik erkennst Du die Neugier und das Maß der Bereitschaft, Dich kennenzulernen. Dies wird sich kaum in einer sachlichen Frage äußern, sondern eher durch Lachen, Unsicherheit oder vorsichtige Annäherung und Berührung. Männern bleibt der Zugang zur Intimsphäre des Hauses verwehrt, so daß sie mit Gesprächen auf der Straße Vorlieb nehmen müssen und dadurch sicherlich ein einseitiges Bild des orien-

talischen Lebens gewinnen. Selbst als herumreisendes Paar ist es dem Mann bei einer familiären Einladung in der Regel untersagt, die weiblichen Familienangehörigen zu Gesicht zu bekommen.

Die Intimität umfaßt alles, was der Natur zugesprochen wird, den Körper und seine organischen Funktionen, das Ich und seine Gefühle. Alle diese Dinge zu schützen und zu verschleiern, ist die Aufgabe des Mannes und die Funktion der Ehre. Als Verkörperung dieses intimen, abgeschlossenen und geheimen Lebens steht die Frau an erster Stelle, wenn von ihr z.B. mit Hilfe von Umschreibungen die Rede ist, wie "die Tochter von X" oder "die Mutter meiner Kinder". Auf der einen Seite wird die Frau Dingen zugeordnet, derer man sich schämt, auf der anderen Seite ist sie über allem das Heiligste. In der kabylischen Gesellschaft in Marokko drückt sich diese Polarität so aus, daß man jemanden als Bastard beleidigt, wenn man ihn beim Namen seiner Mutter nennt. Der große Widerwille, ihren Namen auszusprechen, beruht auf der Angst, dadurch einem Zauber ausgeliefert zu sein, da bei magischen Ritualen der Name der Mutter gebraucht wird. Äußerstes Schamgefühl bestimmt selbst die Beziehungen in der engsten Familie zwischen Eltern und Kindern, Mann und Frau, die zurückhaltend und reserviert verlaufen. Anspielungen auf das eigene Sexualleben sind undenkbar.

## *Die Familie*
*– Hierarchie und Patriarchat*

Die Großfamilie (oder erweiterte Familie) ist die Grundform aller sozialen Beziehungen. Innerhalb mehrerer Kernfamilien (bestehend aus den männlichen Nachkommen und deren Frauen einschließlich der Kinder) repräsentiert der Vater die Rolle des Familienoberhaupts. Die Frau wird in die Familie ihres Mannes aufgenommen, wobei die Heirat mit der Parallelkusine bevorzugt wird. Neben wirtschaftlichen Gründen (Heiratspolitik) spielt die Zugehörigkeit zu derselben Sippe insofern eine Rolle, daß die Familienidentität und -ehre ohne üble Nachrede wie hinter einem Schutzwall garantiert wird.

Bei Eintritt in den Familienbereich kannst Du feststellen, daß die Frauen den Anordnungen der männlichen Familienmitglieder folgen, indem sie z.B. Tee oder Essen zubereiten. Etwas scheu wirst Du von ihnen gemustert und über die männliche Bezugsperson zu Dir ausgefragt.

Ihre Neugier richtet sich dabei in erster Linie auf Heiratspläne und das Familienleben, da dies die wesentlichen Inhalte ihres eigenen Lebens ausmachen. Ab Beginn ihrer Pubertät ist der Verlauf der weiteren Jahre absehbar, in denen sie dem Schutz des Gatten übergeben werden und ihre Gebärfähigkeit ausschöpfen.

Tatsächlich verläuft die Autoritätsstruktur innerhalb der patriarchalischen Familie nach wie vor nach herkömmlichem Muster. Innerhalb der Rangfolge nehmen die jungen Frauen und Schwiegertöchter die untersten Plätze ein. Neben den Kindern, Jungen und Männern sitzt die Großmutter im Mittelpunkt und sorgt dafür, daß Du als Gast gut versorgt wirst. Nach einem erfüllten, d.h. kinderreichen Leben wird ihr tiefe Liebe, Ehrerbietung und Achtung entgegengebracht.

Aus der Sicht der Kinder verkörpert die Mutter bedingungslose Liebe, der Vater dagegen Respekt und Schutz gegenüber der äußeren Welt. Im Rahmen der konfliktreichen Spannungen zwischen den einzelnen Familienmitgliedern ist die Beziehung zur Mutter die einzig stabile und gefühlsbehaftete. Obwohl jede Familie nach außen hin eine ökonomische und auf Bewahrung der Familienehre ausgerichtete Einheit darstellt, wird diese Solidarität nach innen widersprüchlich, indem sie sich durch spannungsvolle Beziehungen ins Gegenteil verkehrt. Nach dem Vater als Familienoberhaupt, beaufsichtigen die älteren Brüder die jüngeren Geschwister, dabei insbesondere die Mäd-

chen als Trägerinnen der Familienehre. Jeder versucht durch ein bestimmtes Maß an Einflußnahme seine unerfüllten, gefühlsmäßigen Bedürfnisse auszugleichen und produziert dadurch eine Hackordnung, deren untersten Platz die Mädchen und Frauen einnehmen.

Selbst Gespräche zwischen den Eltern handeln hauptsächlich von Geld und organisatorischen Angelegenheiten. Die Gefühle zweier Menschen, die ja nach ökonomischen Gesichtspunkten füreinander bestimmt wurden, bleiben dabei zwangsläufig weitgehend ausgespart. Der Respekt vor dem Vater verlangt sogar von den Kindern, in seiner Anwesenheit einen zärtlichen Umgang mit der Mutter zu vermeiden oder von den Söhnen z.B., in seiner Gegenwart nicht zu rauchen.

Während das Verhältnis zum Vater von Autorität und Gehorsam geprägt wird, ist die Mutter die einzige Bezugsperson, der gegenüber man seinen Gefühlen freien Lauf lassen kann.

Angesichts unserer Möglichkeit, weitverzweigte freundschaftliche Beziehungen zu Freunden und Männern einzugehen, ist der Mangel an emotionaler und körperlicher Befriedigung hier kaum nachvollziehbar.

Sobald Frauen allerdings mit Dir alleine sind, gehört die genaue Betrachtung Deiner Figur ebenso zum vertrauten Kontakt wie das Anfassen Deines Körpers. Untereinander werden sie gegenseitig zum Spiegel ihrer Schönheit, die sich nur so sinnlich entfalten kann und ermessen läßt.

## *Anstandsregeln,*
*die man beachten sollte*

Alle Ratschläge sind nur Richtlinien, neben denen jeder Kontakt zur Bevölkerung Deine eigenen Erfahrungen prägt. Wie schon wiederholt erwähnt, betreffen Anstandsregeln vor allem Deine Kleidung und Dein äußeres Erscheinen, das weder aufreizend noch freizügig wirken sollte. Gib zum Gruß nie die linke Hand, da dies direkt als Beleidigung verstanden wird. Außerdem denke nochmals daran, die linke Hand beim Essen in den Schoß zu legen. Achte beim Schneidersitz auf eine korrekte Sitzhaltung, die weder die Fußsohlen noch die Bereiche knieaufwärts entblößt. Besuche stattest Du ohne getroffene Verabredungen am besten vor den Gebetszeiten (18 Uhr) ab. Ziehe beim Betreten von Privathäusern die Schuhe aus und wasche Deine Füße, wenn ein Waschgefäß am Eingang steht. In Anbetracht der geschützten Intimsphäre selbst unter den Familienmitgliedern ist jeder Austausch von Zärtlichkeiten ein Angriff auf diese Verhaltensnorm. Ausnahme: Ich erlebte oft wie zum Abschied Wangenküsse als Ausdruck herzlicher Freundschaft im Kreise der Familie ausgetauscht wurden.

Wenn das Thema "Kinder" zur Sprache kommt, wird kein Moslem eine ablehnende Haltung verstehen. Verheiratet zu sein und keine Kinder zu haben bzw. sie nicht in die Welt setzen zu wollen, heißt, den Sinn des Lebens zu mißachten und zu verfehlen.

Respekt und Achtung verlierst Du außerdem, wenn Du Dich als Atheist bezeichnest. Anworte deshalb auf Fragen

nach der Religionszugehörigkeit mit Christ, da das Christentum zu den akzeptierten Buchreligionen gehört.

Besonders in ländlichen Gegenden oder in traditionellen islamischen Stadtvierteln fragt man nicht direkt nach dem Befinden der Ehefrau, sondern nach dem der Kinder, was aber dasselbe bedeutet. Neben einem Verhalten, das Verständnis für die islamische Kultur signalisiert, ist es angebracht, einige arabische Begrüßungsfloskeln und Redewendungen für die alltägliche Kommunikation zu lernen, da dieses sprachliche Bemühen zusätzlich Wohlwollen und Sympathie weckt und ein weiteres Kennenlernen begünstigt. Unsicherheiten in der Anwendung der arabischen Sprache machen Dich eher liebenswert, auch wenn Du freundschaftlich korrigiert wirst.

# Freundschaft

## *ein Problem?*

Den Begriff "Freundschaft" auf die Beziehung zu einem anderen Menschen anzuwenden, bedarf einer gewissen Zeit, Entwicklung und dem gegenseitigen Kennenlernen. Der Wert einer Freundschaft ist in den arabischen Ländern sicherlich mit anderen Inhalten als bei uns behaftet, die in Frauen- und Männergruppen jeweils andere sind. Oft ist das, was aus unserer Sicht als "freundlich" eingeschätzt wird, die Konsequenz eines Verhaltens, das die Ehre und Achtung des Einzelnen schützt bzw. Konflikte und Aggressionen vermeiden soll. Verhaltensweisen und Gesten bleiben auf dem doppelten Boden von Scheinwahrung und Sein manchmal undurchschaubar. Eine wirkliche Freundschaft gewinnt unter diesen Bedingungen an unschätzbarem Wert, wenn sie außerhalb der überall bestehenden spannungsreichen Beziehungen auf gegenseitigem Vertrauen aufbaut. Grundsätzlich ist eine Freundschaft zwischen Mann und Frau unmöglich, da diese unterschiedliche "Welten" beleben. Deine Position bleibt deshalb zwiespältig. Eine für uns selbstverständliche Vertrautheit zwischen den Geschlechtern ist für einen Mann im Orient nicht nachvollziehbar. Allein schon die Begegnung mit einer Frau in der Öffentlichkeit grenzt an Erotik, die bei Dir noch durch die Vorstellungen von einer aufgeschlossenen Europäerin aufgeheizt wird. Sich auf einen arabischen Mann näher einzulassen, heißt im günstigsten Fall, eine orientalische Liebestragödie zu inszenieren, in der Du (als unerreichbare Geliebte) das Geschehen wieder verläßt und das arabische "unerfüllte Liebesideal" bestätigst. Eine körperliche Begegnung entspricht dagegen genau seinem europäischen Weiblichkeitsbild, dessen Prototyp Du lieferst.

Eine Freundschaft zu einer Frau scheitert wahrscheinlich an der fehlenden sprachlichen Verständigung. Ist diese gegeben, so handelt es sich dabei sicherlich um eine Frau aus der Mittel- oder Oberschicht, die bemüht sein wird, westliche Tendenzen zu verkörpern. Bringen Dir einfache Frauen erstaunlich viel Herzlichkeit entgegen, so begegnen Dir Frauen aus gehobenen Gesellschaftsschichten oft in einer Art Konkurrenzsituation.

In beiden Fällen bleibt Dir der Zugang zum weiblichen Wesen in seiner Betroffenheit und den sich daraus ergebenden Problemstellungen verschlossen. Unter der Übermacht einer starren patriarchalischen Denk- und Lebensweise gibt es nur ganz wenige Frauen, die versuchen, aus diesen gesellschaftlichen Zusammenhängen auszubrechen. Und noch weniger Frauen gelingt die Durchsetzung ihres neuen Selbstbewußtseins.

Natürlich versteht jeder etwas anderes unter Freundschaft. Der Ausgangspunkt ist aber auf jeden Fall Kontaktbereitschaft, bei der Du von Provokation bis hin zur Freundlichkeit mit allem rechnen mußt.

Gespräche mit Männern werden sich immer wieder mit Sexualität, dem Klischee der Europäerin, den Verdienstmöglichkeiten und dem Lebensstandard befassen. Vor dem Hintergrund der Dir mittlerweile vertrauten muslimisch-arabischen Gesellschaftsstrukturen spiegeln sich darin deren Brennpunkte des alltäglichen Lebens wider. In dem Spannugsfeld zwischen der auf Konsum ausgerichteten propagierten Orientierung zum Westen und der übersteigerten Gegenreaktion z.B. der Muslim-Brothers, kreisen die Gedanken hauptsächlich um die unterdrückte Sexualität, die letztlich in Frustration und Aggression umschlägt.

Der beliebte Austausch von Adressen wirkt verbindlich. Er gehört jedoch mehr zu einem Wettstreit, wer die meisten Kontakte ins Ausland hegt. Vielleicht steckt darin auch ein Trost, einmal mit Hilfe der Anschriften den Sprung in die Moderne zu machen. Sie sind also mehr eine Art Rückversicherung für die Erfüllung gehegter Wünsche, als das nähere Interesse an Deiner Person, das sich ja durch die Kürze des Aufenthalts und dem Kommen und Gehen vieler Touristen kaum entwickeln kann. Doch empfinde auch ich es angenehm, Adressen als Anlaufstellen für weitere Reisen aufzubewahren.

# *Transportmittel*

## *Hautkontakt gratis*

*Trampen* ist in islamischen Ländern nicht zu empfehlen. Zum einen fahren neben LKWs verhältnismäßig wenig PKWs übers Land (die meisten sind als Sammeltaxis voll besetzt). Zum anderen gibt es genug öffentliche Vekehrsmittel, die zu billigen Tarifen verkehren, und nicht zuletzt verkörpert eine trampende, alleinreisende Frau für arabische Männer unbedingt ein Angebot mit Aufforderungscharakter.

Du kannst Dir also an allen fünf Fingern abzählen, was passiert, sobald Du in ein Privatauto einsteigst, das auf Dein Signal hin angehalten hat. In einer Gesellschaft, die die Anwesenheit von Frauen auf der Straße nur mit Einschränkung duldet, bist Du als Tramperin in Deinem absolut abweichenden Verhalten pure Provokation. Natürlich kannst Du auch Glück haben, aber...

Innerhalb der Großstädte bieten *Taxis* günstigere Voraussetzungen als die stets überfüllten Autobusse. Fordere dabei den Taxifahrer auf, den Taxometer einzustellen, so daß der Preis am Zielort nicht willkürlich festgesetzt wird.

Zwischen einzelnen Städten fahren (außer Bus/Bahn)

**Sammeltaxis,** die oft bequemer und ohne Zwischenstationen die Strecke zurücklegen. Du findest sie meistens in der Nähe des Busbahnhofs, wo die Fahrer herumlaufen und den Namen des Zielortes ausrufen bis ca. 6 Fahrgäste aufgetaucht sind. Besonders für Fahrten in abgelegene Orte oder Oasen sind dies die besten Fahrtmöglichkeiten.

In den **Bussen** sitzt Du häufig wie eine gequetschte Ölsardine. Du kannst glücklich sein, wenn Du noch einen Sitzplatz gefunden hast. Es ist manchmal erstaunlich, wie viele Menschen auf so kleinem Raum untergebracht werden! Da es sich bei den Bussen nicht gerade um Luxusmodelle handelt, brummt Dir nach holprigen Strecken oft der Schädel. Der Kontakt zu der mitreisenden Bevölkerung ist im wahrsten Sinne des Wortes hautnah, was Du zwischen Männern nicht gerade als angenehm empfinden wirst. In der Enge rücken sie Dir so nah wie möglich auf den Leib.

Gegen diese subtilen Annäherungen kannst Du Dich nicht wehren, weil Du Dich durch Deine Gegenwart ausgeliefert hast. Es ist wichtig, sich vor dem Abfahrtstag noch einmal genau nach der Abfahrtszeit und dem -platz zu erkundigen, da Fahrpläne nicht unbedingt eingehalten werden. Oft müssen wegen dem Andrang der Fahrgäste Fahr-/Platzkarten reserviert werden. Wenn möglich, schließe Dich anderen Touristen an, so daß sich ein Teil der Leute beim Einsteigen auf die Plätze stürzt und diese freihält, während ein anderer darauf achtet, daß das Gepäck gut auf dem Dach oder im Laderaum verstaut wird. Es kann durchaus passieren, daß bei der Abfahrt von mehreren Bussen Rucksack und -besitzer voneinander getrennt werden. Beim Aussteigen behälst Du am besten den Fahrer bzw. seinen Begleiter im Auge, um von ihnen das Gepäck ausgehändigt zu bekommen. Es ist nicht gerade amüsant, dem anfahrenden Bus wild gestikulierend hinterherzulaufen, weil Dein Rucksack nicht abgeladen wurde. Obwohl Du Dir an Zwischenstationen keine Sorgen um das Abhandenkommen Deiner Habseligkeiten machen brauchst, schadet es nicht, hier und da einen Blick aus dem Fenster zu werfen. Da zu bestimmten Feiertagen (z.B. Ende der Fastenzeit) viele Menschen in ihre Heimatdörfer reisen, sind dies zusätzlich Anlässe für eine totale Überfüllung der Busse. Erkundige Dich rechtzeitig danach!

Mit dem *Zug* hast Du schließlich die Wahl 1., 2. oder 3. Klasse zu fahren. Die 1. und 2. Klasse ist mit einer Klimaanlage (oft defekt/Anspruch auf Zurückerstattung des Zuschlags am Zielort bei Vorlage der Fahrkarte) sowie mit zu reservierenden Plätzen ausgestattet. Die 3. Klasse ist stets bis in die Gepäcknetze überfüllt. Die 1. und 2. Klasse entspricht annähernd unseren Reisevorstellungen, die 3. den Reisebedingungen der einheimischen Bevölkerung. Um den Gegensatz zwischen dem Lebensstandard einer privilegierten Minderheit und der ärmlichen Mehrheit zu erfahren, solltest Du beide Klassen kennengelernt haben.

Für längere Strecken wie z.B. Kairo-Assuan müssen Plätze einige Tage im voraus reserviert werden. Grundsätzlich stellen sich arabische Männer und Frauen in zwei verschiedenen Warteschlangen an, um enge Berührungen zu vermeiden. Die Abfertigung erfolgt abwechselnd, wobei die Anzahl der Frauen meist geringer ist und Du schneller an die Reihe kommst. Sowohl für das Lesen der arabischen Zahlen auf den Platzkarten, Einkaufen auf dem Markt etc. empfiehlt es sich, die Zahlen von 1 - 10 zu lernen. Auf den **Bahnhöfen** mußt Du damit rechnen, daß Kinder die Fenster der 1. und 2. Klasse stürmen und vielerlei Grimassen schneiden. Ebenfalls kommt es vor, daß Steine auf den fahrenden Zug geworfen werden. Halte deshalb die Fenster geschlossen bzw. ziehe vor dem Einfahren in die Städte die Vorhänge vor, falls Du Dich nicht gerne auf dem Präsentierteller befindest.

# Hygiene

*andere Länder, andere Sitten*

Während unsere Vorstellung von Hygiene mittlerweile eine Entwicklung genommen hat, die hauptsächlich den Absatz der Wasch- und Putzmittelindustrie fördert und gegen den Umweltschutz verstößt, verursachen fehlende hygienische Verhältnisse in den arabischen Ländern immer noch zahlreiche Krankheiten. Ein Ziel der Fortschrittsbestrebungen besteht darin, vor allem die Landbevölkerung über gesundheitsfördende Maßnahmen aufzuklären, die insbesondere die Kindererziehung betreffen. Die Armut der Bevölkerungsmehrheit, einseitige Ernährung, miserable Wohnverhältnisse, tabuisierte intime Körperregionen und teilweise auch klimatische Verhältnisse sind die Hauptursachen für Lebensbedingungen, in denen jeder Mensch anfällig für Krankheiten wird.

Weiße, saubere Kleidung inmitten des Straßenstaubs gehört damit zum Statussymbol von Wohlhabenden. Du bist ständig Krankheitsherden ausgesetzt durch alles, was Du berührst. Voraussetzungen für Deine Widerstandskräfte sind deshalb eine abwechslungsreiche, abgekochte Nahrung und ein psychisches Wohlergehen.

Grundsätzlich solltest Du kein frisches Wasser aus Brunnen oder Wasserleitungen trinken, auch wenn Dich Einheimische oder andere Touristen dazu ermuntern. Die einen haben Abwehrkräfte entwickelt, die anderen können den Verlauf von Krankheitsbildern noch nicht absehen, da sich die Inkubationszeit z.b. für Lebererkrankungen über Wochen hinauszieht. Auch wenn Du zum Essen eingeladen bist, ist es besser, Deine ablehnende Haltung gegenüber dem Wasser zu erklären, anstatt es mit unwohlem Gefühl zu trinken.

Vor allem in Ägypten existiert eine Krankheit, die durch Larven von Saugwürmern verursacht wird, und an der viele Ägypter leiden: *Bilharziose.* Diese Larven leben in stehendem Wasser und dringen durch die Haut in den Körper ein, wo sie Blasen- und Nierenkrankheiten auslösen. Vermeide deshalb besonders den Kontakt zum Nilwasser, aber auch zu anderen stehenden Gewässern, d.h. hier nicht Baden. Für die Ägypter bedeutet der Nil Fruchtbarkeit und eine lebensnotwendige Wasserquelle, so daß es kaum möglich ist, die Krankheit auszurotten. Nach wie vor waschen die Frauen ihr Geschirr und ihre Wäsche an seinen Ufern.

Oberster Keimherd sind die sanitären Anlagen bzw. die ungehemmte Darmentleerung an jeder beliebigen Stelle, da von öffentlichen Toiletten nicht die Rede sein kann. Verstopfte Klos, angehäufte Exkremente sowie fehlendes fließendes Wasser sind an der Tagesordnung. Dein Wohlergehen kannst Du daran messen, wie sehr Du an manchen Tagen bei bestimmten Gerüchen die Nase rümpfst oder sich Dein Magen zusammenzieht. Fühlst Du Dich oh-

aus einer ägyptischen Zeitung

„Ich verstehe gar nicht, warum wir so viele Abwasserprobleme haben! Die Wasserversorgung funktioniert doch gar nicht mehr, und die Nahrung ist auch so teuer geworden . .”

nehin schlecht, liefert dies bestimmt die restliche Schubkraft zum Durchfall/Erbrechen. Wenn ich so zurückblicke, wundere ich mich eigentlich, daß ich nicht schwerwiegender krank geworden bin. Laß' Dich also von diesen "beschissenen" Schilderungen nicht soweit beeindrucken, daß Du bereits mit Ekel ankommst, denn es gibt genügend Eindrücke und Erlebnisse, die Dich mehrfach dafür entschädigen.

Egal ob Du in Hotels, Pensionen oder Privathäusern wohnst, solltest Du darauf achten, daß Deine Körperwäsche unbeobachtet bleibt. Kleine Flurfenster in der Dusche, Löcher in Türen und Wänden sind keine Seltenheit. Ein halbbekleideter Sprung vom Zimmer in das Bad über den Flur wird als Einladung verstanden, nachzukommen. Zum Zähneputzen habe ich meistens abgefülltes Mineralwasser benutzt, da auch blutendes Zahnfleisch direkten Zugang für Bakterien bietet.

# Gewalt

## "Aib", das Zauberwort

Der Ehrencodex, sowie die soziale Kontrolle innerhalb des Zusammenlebens im Stadtviertel/Dorf übernehmen die Funktion von Vermeidungsmechanismen, wie sie für die arabische Gesellschaft typisch sind. Als Folge von spannungsreichen Gesellschafts- und Sozialstrukturen unterliegen die Verhaltensweisen des Einzelnen einer ständigen Überwachung, um ein Chaos zu vermeiden. Erstarrte religiöse Grundsätze stoßen aber auf fortschrittliche Entwicklungstendenzen und liefern durch diese Konfrontation das Ventil für religiösen Fanatismus. Auf der Suche nach einer nationalen Identität, die fast überall durch die Kolonialherrschaft zerstört wurde, ist seit dem 2. Weltkrieg in allen islamischen Ländern eine Reislamisierung entstanden. Die Herrschaft Khomenis im Iran oder die Ermordung des ägyptischen Präsidenten Sadat sind Ausdruck dieser überregionalen Bewegung. Je mehr Orientierung nach Westen verläuft und dadurch traditionelle Strukturen gefährdet, umso lauter werden die Stimmen nach der Verfestigung herkömmlicher Grundsätze. Die Sexualität rückt dabei insofern in den Mittelpunkt, da sie zum einen als Werbemittel den Warenumsatz als Ersatzbefriedigung steigern soll, zum anderen wird sie durch orthodoxe Forderungen im alltäglichen Leben noch mehr unterdrückt, so daß gesteigerte Ersatzbefriedigung die einzige Möglichkeit bildet, diese Spannungen auszugleichen. Jeder wird dabei zum Opfer einer Strategie, durch die sich das Kapital bereichert. Die Ausdrucksformen von Sexualität werden dabei zum Maßstab für konfliktträchtige Situationen.

> *Beim Baden in Marsa Matruh (Ägypten) wurde ich im Wasser von einem Jungen angegriffen, der plötzlich zwischen meinen Beinen hindurchtauchte. Da mein Freund am Strand geblieben war, um auf unsere Sachen aufzupassen, war ich neben anderen Badenden die einzige Frau im Wasser, während die ägyptischen Frauen unter ihren Sonnenschirmen thronten. Der Augenblick meines Aufschreis war spannungsgeladen. Erst als mein Freund hinter dem flüchtenden Angreifer hinterherlief und drohend die Faust zeigte, lachten winkend die Beobachter. In ihren Augen hatte mein Freund seine Ehre verteidigt. Wäre ich allein gewesen, hätte ich unter Mißbilligungen die Verantwortung für den Vorfall tragen müssen.*

Sich als Frau gegen die Gewalt von Männern zu wehren, heißt, ihre Ehre anzugreifen, da sich kein Mann öffentlich von einer Frau schlagen läßt. Obwohl Du Dich durch eine derartige Gegenreaktion von Aggressionen befreist, verstärkst Du nur das Maß an Gewalt, zu der Dein Gegner um seiner selbst willen zurückgreifen *muß*.

Ein Zauberwort für alle möglichen Beschimpfungen und Angriffe ist *"aib"*, was soviel wie Schande heißt. Solange Du es lauthals ausrufst, forderst Du Deinen Gegner auf, sich auf die traditionellen Verhaltensnormen zu besinnen. Zum anderen weckst Du damit die Neugier der umstehenden

Leute, die sofort fragen, was passiert sei. Indem Du jeden Vorfall öffentlich machst, verringerst Du die Spannung zugunsten deines Schutzes. Während Du in der Begleitung eines Mannes unter seiner Schutzherrschaft stehst, bist Du als Frau ziemlich ausgeliefert. Wenn schon körperlich unterlegen, solltest Du Deine Stimme als das Organ benutzen, mit dem Du jederzeit energisch reagierst bzw. zur Hilfe aufrufst.

Gewalt an Frauen, d.h. im äußersten Fall ihre Ermordung, ist die notwendige Konsequenz des Ehrbegriffs, sobald dieser durch ein weibliches Fehlverhalten angetastet wird. Bei Verlust der Jungfräulichkeit als der scheinbar einzige Wert eines Mädchens fällt die Schande nicht auf den Täter, sondern auf die Opfer. Nur allein der Tod kann die Familienehre wiederherstellen.

Sogenannte Selbstmorde in den Zeitungen geben einen vagen Aufschluß über die Häufigkeit dieser Verbrechen an Frauen.

Was Dich betrifft, so wirst du wahrscheinlich immer wieder in Deinem Frausein angegriffen. Berührungen der Brust, am Hinterteil, sich an Dich drängende Männerkörper in überfüllten Bussen, Gassen, Fahrstühlen, die permanente Annäherung an Deinen Körper schlechthin, sind nicht Anzeichen einer offenen Gewalt, jedoch derart subtil ebenso widerwärtig. Handgreiflich wirst Du Dich nicht dagegen wehren können, da Du als Fremdkörper in die Männerwelt eingedrungen bist. Das einzige, was Du vorbeugend tun kannst, ist eine ständige Selbstkontrolle über Deine Kleidung, Dein Verhalten und Deine Ausstrahlung auszuüben. Nur in einem selbstbewußten Auftreten und möglichst mit

Ehe-/Verlobungsring am Finger (nicht zu vergessen Fotos von "Ehemann/Kind" in der Brieftasche) kannst Du Dich vor Angriffen schützen, die sich immer gegen Deine weibliche, gesellschaftsgefährdende Kraft richten. Versuche dabei trotz möglicher negativer Erfahrungen keine Vorurteile auf eine neue Umgebung und Menschen zu übertragen, die in ihrer Wahrnehmung für diese Reize sehr empfänglich sind, Deine Vorbehalte spüren und dementsprechend reagieren. Weitgehend solltest Du den Aufenthalt in unüberschaubaren Gassen, Ecken und Winkeln nach Einbruch der Dunkelheit vermeiden. Außerdem stellt das Zusammensein mit einem arabischen Mann an einem abgelegenen Ort *immer* eine spannungsgeladene Situation dar, die kaum konfliktlos beendet werden kann.

Eine positive Auswirkung der Eingebundenheit und sozialen Kontrolle innerhalb des zwischenmenschlichen Netzwerks ist eine geringe Kriminalitätsrate. Als Folgeerscheinung zerstörter Sozialstrukturen hat sie z.B. in unserer Gesellschaft im Gegensatz zum Orient erhebliche Ausmaße angenommen.

Mit Diebstählen solltest Du dennoch immer rechnen und dementsprechend wachsam sein, aber auch sonst alle Situationen vermeiden, die Du nicht einschätzen kannst bzw. in denen Du Dich unwohl fühlst.

Als offensichtlich gewalttätig habe ich häufig den Umgang mit Tieren, insbesondere Eseln und Hunden empfunden. Entgegen unserer Gewohnheit gegenüber Haustieren bezieht sich die Tierhaltung in den arabischen Ländern auf die Arbeitskraft und Fleischnutzung, wodurch jede persönliche Empfindung ausgeschlossen wird. Zum

Leben am Rande des Existenzminimums gehört selbstverständlich nicht die Pflege von Wellensittichen, Hamstern, Goldfisch oder verschiedenen Hundezüchtungen. Esel werden z.B. geschlagen und geprügelt, wenn sie ihre Dienste versagen. Herumstreunende Hunde verkörpern die Verachtung des arabischen Schimpfwortes "Hundesohn".

# *Tradition oder Fortschritt?*

*Wehe an jenem Tage denen, welche von eurer Religion abfielen.
Fürchtet nicht diese, sondern nur mich. Heute habe ich für euch
euere Religion vollendet und meine Gnade an euch erfüllt und
euch (den) I s l a m zur R e l i g i o n gegeben.
Sure 5, aus Vers 4*

Auf den ersten Blick wirst Du Dich während Deines Urlaubs in den arabischen Ländern nach der Lebensqualität der Menschen dort fragen. Freiheit zur Selbstentfaltung und Selbstverwirklichung in einem nur annähernden Sinn scheint angesichts der materiellen Not nicht gegeben zu sein. Es ist nur allzu verständlich, daß aus der Armut die Forderung nach der Befriedigung menschlicher Grundbedürfnisse wie Sicherung von Nahrung, medizinische Versorgung, Arbeitsraum und Wohnraum laut wird.

Zudem liefern großangelegte Projekte oft nur einen Trugschluß von Entwicklungshilfe, da die wirtschaftliche Pla-

nung nicht unbedingt die notwendigen Bedürfnisse der Bevölkerung berücksichtigt, sondern u.a. Symbole zum Aushängeschild von Luxus und Fortschritt erklärt. Traditionelle Strukturen werden dadurch zerstört anstatt optimal ausgeschöpft (bestes Beispiel: Assuan-Staudamm in Ägypten).

Die Diskussion um Tradition und Fortschritt ist so eine Sache! Auf Deiner Reise zwischen Land und Stadt wirst Du immer wieder auf diese Gegensätze stoßen, da sich im Stadtleben zunehmend europäische Einflüsse ausbreiten. Das Fatale daran ist, daß gerade diese übergestülpte westliche Warenkultur orthodoxe Gegenreaktionen zur Errettung der traditionellen Denkweise weckt und dadurch anhaltende Spannungen genährt werden, von denen nur eine geringe kapitalistische Minderheit profitiert. Westliche Tendenzen dienen also nicht der Bewußtwerdung und emanzipatorischen Entwicklung der Bevölkerungsmehrheit, sondern der Ausnutzung ihrer Frustration durch einen ausgleichenden Warenkonsum (wo liegt da der Unterschied zu unserer Lebenshaltung?)

Es bedarf also einer anderen Betrachtungsweise als der, die nach unseren äußerlichen Maßstäben urteilt und nicht versucht, das soziale Leben aus der Religion und dem gesellschaftlichen Gefüge heraus zu verstehen. Es kann keine Lösungsvorschläge geben, die z.B. den gesellschaftlichen Status der Frau verbessern, wenn nicht erst einmal Verständnis für Verhaltensweisen der Männer und Frauen in der islamischen Gesellschaft (und dies nicht vom Standpunkt unserer europäischen Sichtweise aus) vorhanden ist. In Deinem Frausein wird Dich vor allem das

Leben der arabischen Frauen betroffen machen. Vergiß dabei aber nicht, daß sich die Frauen trotz ihrer Aussperrung vom öffentlichen Leben Freiräume mit einem bestimmten Maß an Einflußnahme geschaffen haben, in denen sie sich wohlfühlen. Das Zusammensein mit anderen Frauen sowie die Kindererziehung innerhalb eines engen Verhältnisses zur Natur liefern die weiblichen Lebensinhalte, in denen wir ausschließlich die Festlegung auf eine bestimmte gesellschaftliche Rolle wittern. In unserem westlichen Bemühen um Gleichberechtigung übersehen wir leicht die positiven Seiten dieses Frauendaseins, das uns zudem aus dem Blickwinkel der Straße verborgen bleibt. Eine uneingeschränkte Haltung des Bedauerns hieße außerdem, allen arabischen Frauen keine Lebensfreude zuzugestehen. Was bei uns von einer modernen Sexualpolitik geregelt wird, unterliegt dort rigiden, durch die Religion legitimierten Vorschriften.

Beiden liegen dieselben Machtstrukturen zugrunde, die uns Frauen ins Abseits schieben. Auch wenn sich die Kritik auf eine dort stärkere Unterdrückung der Frauen im Alltag bezieht, ist ihr Leben nur eine andere Facette in der weiblichen Geschichtslosigkeit. Während unserem zu Hause errungenen Zugang zur Öffentlichkeit die Seite des weiblichen Naturwesens zum Opfer fiel, wird diese bis heute in der Fruchtbarkeit der arabischen Frau verkörpert. Der damit verbundene Bereich der Magie kann jedoch nur bestehen, solange die Frauen in ihrem Gebärvermögen die Analogie zur Natur beweisen. Das wiederum heißt, daß die Frauen in ihrer weiblichen Kraft und gerade deswegen auf die häusliche Sphäre beschränkt werden müssen.

Weitere Kritikpunkte könnten sich auf den ökonomischen Ehevertrag beziehen. Dem kann ich nur unser mit Illusionen behaftetes bürgerliches Liebesideal entgegenhalten und auch auf die Vereinsamung alter Menschen in unserer Gesellschaft sowie auf die zubetonierten Fußgängerzonen mit ihren leblosen Schaufenstern und Maskenmenschen können wir nicht gerade stolz sein.

Vielleicht haben all die Informationen in Dir sogar den Eindruck geweckt, daß Du als Freiwild betrachtet wirst, das selbst für eine Vergewaltigung eigenverantwortlich ist. Doch wie gesagt besteht neben dem strengen Normensystem eine Doppelmoral, die starre Verhaltensregeln durch Schein und Sein auflockert. Obwohl westliche Einflüsse traditionelle Konturen verwischen, rufen sie in gleichem Maß orthodoxe Gegenreaktionen wach, die die Einhaltung religiöser Dogmen fordern.

Bei jeglicher Kritik wird Dir wohl am meisten das Verhältnis zu den arabischen Männern mit seinen unangenehmen Seiten auf die Nerven gehen. Nach der Lektüre dieses Buches solltest Du jedoch ausreichend darüber informiert sein, welche Verhaltensweisen Dich vor Konfliktsituationen schützen. In jedem Fall bleibst Du der Eindringling in eine andere Kultur, deren soziale Normen Du respektieren und beachten solltest.

Indem Du als Frau in der Männerwelt auftauchst, forderst Du die Männer zum Spiel mit Dir heraus, für das Du letztendlich die Verantwortung trägst. Darin mag ein Reiz liegen, aber ebenso Gefahren, denen Du mit Deinem neu gewonnen Wissen aus dem Weg gehen kannst.

Gute Reise und viel Spaß!

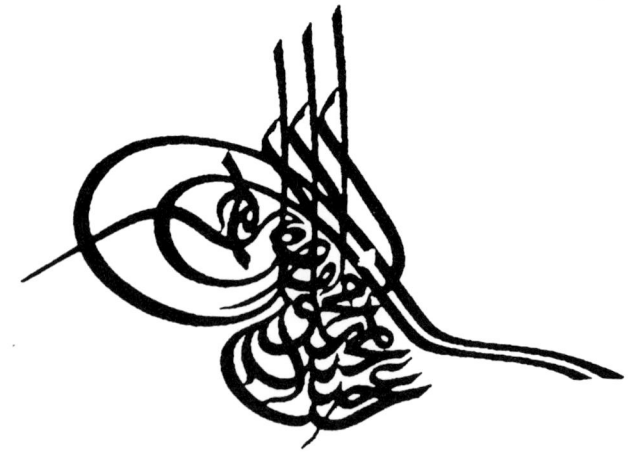

182

# Anhang

# Glossar

**Abbassiden:** Nach dem Sturz der Omajjaden begann die Abbassidenherrschaft ab 750, erste nachhaltige Spaltung der politischen Einheit innerhalb des muslimischen Gebiets. Zunächst Spaltung in zwei, und später in eine ständig wachsende Zahl weiterer Fürstentümer. Von geflohenen Omajjaden gegründetes Nebenkhalifat in Cordoba, das im 13.Jhd. an die spanische Reconquista fällt. Unter Harun al-Raschid (786-809), in Europa berühmt geworden durch die Erzählungen aus 1001 Nacht, erreicht das Abbassidenreich seinen Höhepunkt.

**Afarit:** Der Glaube an *'afarits'* beruht auf eine zurückgreifende Tradition: *'afarits'* bestehen aus Feuer und können von den Menschen zu Gehilfen gemacht werden, die anderen etwas Schlechtes wünschen oder Übles zufügen wollen.

**Aib:** Bedeutet 'Schande'. Lauthals ausgerufen, fordert es Gegner auf, sich auf herkömmliche Verhaltensweisen zu besinnen. Als 'Zauberwort' in Konfliktsituationen, zieht es das Interesse umstehender Leute auf die Beteiligten, und hilft, Spannungen öffentlich abzubauen.

**Analogie zur Natur:** Frauen werden in ihrer Weiblichkeit als Analogieträgerinnen zur Natur betrachtet, was sich grundsätzlich auf ihr Gebärvermögen bezieht.

**Analogieschluß:** Als die, im Koran und der Sunna enthaltenen Anweisungen, für eine vollständige Lebensregelung nicht mehr ausreichten, mußte auf den Analogieschluß zurückgegriffen werden, d.h. neu auftretende Zusammenhänge wurden nach ähnlichen Strukturen bereits bestehender Gegebenheiten untersucht und danach beurteilt.

**Bazar:** Ein Wort persischen Ursprungs, das Marktviertel nur im Iran, in der Türkei und in Ägypten bezeichnet. Im Maghreb und im arabischen Vorderasien heißt es klassisch arabisch *Souk* (oft auch *Suq* geschrieben).

**Berber:** aus dem Griechischen *"babari"*. Kurz: Fremde, die nicht zum Reich gehören. Älteste, der dort lebenden Bevölkerungsgruppen Nordafrikas.

**Cous Cous:** Typisches orientalisches Hirsegericht mit verschiedenen Zutaten wie Gemüse, Fleisch, Karotten ...

**Dar al-Islam:** Das Haus des Islam, das von allen muslimischen Ländern gebildet wird. Allein die Glaubenslehre des Islam liefert die Grundlage für die Einheit.

**Dekadenz:** Periode der türkischen Vorherrschaft in den arabischen Gebieten. Gleichzeitig erstarrte die islamische Kultur und bestimmt bis heute die Herrschafts- und Sozialstrukturen.

**Dschinn:** Dämonin aus dem Feuer des *Samun* erschaffen. 29 mal im Koran erwähnt.

*Fitna:* weibliche Kraft und Verführungskunst, die die bestehende Ordnung umstürzt, und Gesetzlosigkeit auslösen kann.

*Hâra:* Kleine Gasse, die zum Privatbereich der Bewohner gehört. Hier wird gelebt, Essen zubereitet, Wäsche gewaschen oder in Sommernächten sogar geschlafen.

*Hadith:* Mündliche Überlieferung dessen, was Mohammed gesagt oder getan haben soll.

*Harem:* Oder auch *haram* (= heilig) und verboten, bezeichnet den von der Männerwelt abgetrennten Lebensbereich der Frauen, aber auch die für Nicht-Moslems verbotenen Bezirke um Heiligtümer.

*Henna:* Pflanzliches Mittel, mit dem Ornamente zur Verschönerung des Körpers auf die Haut gezeichnet werden (vor allem für die Hochzeit).

*Kajal:* Kohle, mit der sowohl aus kosmetischen als auch aus hygienischen Gründen (Desinfektion) die Augen bemalt werden.

*Kasbah:* Bezeichnet "Burg" oder "Festung". Innerhalb einer Medina (allgemeiner Begriff für Stadt, heute auf Altstadt bezogen), kann es ein als *Kasbah* benanntes befestigtes Viertel geben. Nur im Fall von Algier, wo die *Kasbah* als einziger alter Stadtteil die Kolonialzeit überstand, sind *Kasbah* und Altstadt identisch.

**Khalif:** Statthalter (Stellvertreter des Propheten zu seiner Lebzeit bzw. Nachfolge nach seinem Tod) mit dem Auftrag, den Koranvorschriften auf der Erde Geltung zu verschaffen.

**Khalifat:** Herrschaftsgebiet des *Khalifen.*

**Konsensus:** Der Beschluß der Rechtsgelehrten, die allein befugt sind, das Recht in der Auslegung von Koran und Sunna zu übermitteln.

**Kuss:** Vulgärsprachliche Bezeichnung für Geschlechtsorgane der Frau. Wird als Schimpfwort benutzt. Stärkste Beleidigung: *Kuss umak!* Das bezieht sich auf die Genitalien Deiner Mutter.

**Mahr:** Brautpreis, der mit dem Vater der Braut ausgehandelt wird, finanzielle Absicherung der Frau; zum anderen, um ein ökonomisches Band zwischen den beteiligten Familien herzustellen.

**Medina:** Allgemeiner Begriff für Stadt, heute auf Altstadt bezogen, mit ihrem unübersichtlichen Gewirr von Gassen.

**Mellah:** Jüdisches Viertel, das heute aber häufig auch von Moslems bewohnt wird.

**Muezzin:** Gebetsverkünder, der zu bestimmten Tageszeiten zum Gebet aufruft. Da es im Islam keine Institution Kirche und folglich keine Geistlichen gibt, kann jeder fromme Mann Muezzin sein.

**Pilgerfahrt nach Mekka:** Ersehnter Höhepunkt im Leben eines jeden Moslem, den sich aber nur wenige leisten können. Wallfahrt mit Läuterungscharakter und Sinnbild für die Solidarität aller Gläubigen.

**Polygamie:** Mehrehe, bedeutete ursprünglich für die Nomadenstämme eine gesellschaftliche Notwendigkeit, um durch eine reiche Nachkommenschaft den Stamm in seinen Blutrachefehden zu stärken und den Frauenüberschuß auszugleichen, der durch Kampfverlust erzielt wurde. Mohammed beschränkte die Mehrehe auf vier Frauen mit der Forderung, gegen jede gerecht zu sein.

**Ramadan:** Neunter Monat des islamischen Kalenders (Fastenmonat). Vom Sonnenauf- bis Sonnenuntergang enthalten sich die Moslems von Nahrung, Getränken, Geschlechtsverkehr. Als Tourist zeigst Du Verständnis, wenn Du in dieser Zeit vor den Augen von Gläubigen weder ißt noch rauchst.

**Rituelle Gebete:** Nach den Vorschriften des Koran werden sie fünfmal am Tag ausgeführt, wobei man bestimmte Körperwaschungen und -gesten vornimmt, und den ganzen Körper mit bedecktem Haupt in Richtung Mekka verneigt.

**Säulen des Islam:** Religiöse Grundlagen des Islam, die die muslimische Alltagspraxis bestimmen. Darunter zu verstehen sind folgende Handlungsweisen: Rituelle Gebete, Fasten, Pilgerfahrt nach Mekka, Religiöse Steuer und Almosen, Glaubensbekenntnis.

*Schleier:* Diente ursprünglich dem Schutz und der Hervorhebung von Anständigkeit, und vor allem der Herausstellung der Frauen des Propheten gegenüber den Sklavinnen und Dirnen. Diese zeitlich gebundenen Gebote wurden verpflichtend ausgelegt, und zur Grundlage für die Segregation erklärt.

*Segregation:* Begriff vor allem für die Poltik der Rassentrennung in den früheren britischen Kolonien und in den USA. Im Zusammenahng mit der Geschlechtertrennung, bezieht er sich auf die Aussperrung der Frauen aus der Öffentlichkeit. Bedeutete der Harem ursprünglich die Wertschätzung der privilegierten Frauen, so verschlechterte sich seit dem 16. Jahrhundert zunehmend die gesellschaftliche Stellung der arabischen Frauen, indem sie von öffentlichen Angelegenheiten ausgeschlossen wurden. Aus einer Mode und dem Zeichen feiner Gesittung wurde ein Zwang bzw. Mittel der männlichen Vorherrschaft.

*Sharia:* Islamisches Recht, auf vier Quellen zurückgehend: Koran, Tradition *(Sunna)*, Konsensus, Analogieschluß. Der Islam bestimmt sowohl die Sitten als auch das Gesetz für das Leben in der weltlichen Gemeinschaft.

*Schlafendes Kind:* Beispiel für die Kulte, die Frauen gegen die von allen gefürchtete Unfruchtbarkeit entwickelten. Der "Schlaf" eines Kindes dauert zwischen einigen Monaten bis zu 7 Jahren, um dann irgendwann zu erwachen und auf die Welt zu kommen. Einer Verstoßung wird dadurch jede Grundlage entzogen.

**Souk:** Für uns eher als *Bazar* geläufiges Markviertel im Maghreb und arabischen Vorderasien.

**Sunna:** Umfaßt die im 9.Jhd. schriftliche Zusammenfassung der Hadith. Gehört zu den ·vier Rechtsquellen des islamischen Rechts.

**Talaq:** Dreifache Scheidungsformel "Ich verstoße dich!", mit der die Frau jederzeit vom Mann verstoßen werden kann (Scheidung).

**Umma:** Alle Gläubigen (außer den Sklaven) werden vor dem Gesetz gleich. Es gibt keine ständischen oder hierarchischen Gruppierungen wie z.B. bei uns im Mittelalter.

**Vendetta:** Blutrachefehde zur Wiederherstellung der angetasteten Familienehre.

**Zar-Kult:** Von Frauen praktizierter Exorzismus in Ägypten. Aufgestaute Gefühle, wie z.B. unterdrückte Sexualität, Depressionen, werden innerhalb des Schonraums einer Frauengruppe freigesetzt und abgebaut. Diagnose und Behandlung erfolgen im Zuge von Ritualen, Gesängen, Tanz und Gesprächen mit anderen Frauen. Ventilfunktion und Ersatz für den Ausschluß vom Leben auf der Straße.

# Literatur zum Thema

Ammar, H. *Growing up in an Egyptian Village*, London 1954. "Vor allem interessant: praktizierte Magie und Volksglaube."

Becker, Bovenschen, Brackert u.a. *Aus der Zeit der Verzweiflung - Zur Genese und Aktualität des Hexenbildes,* Frankfurt 1977. "vielschichtig, dicht, brennend."

Blackmann, W.S. *The Fellachin of Upper Egypt*, London 1927. "Standardwerk über das Leben der ägyptischen Landbevölkerung."

Bourdieu, P. *Entwurf einer Theorie der Praxis*, Frankfurt 1976. "fesselndes ethnologisches Material über die kabylische Gesellschaft (Berber in Marokko)."

Croutier, A.L. *Harem, Die Welt hinter dem Schleier*, München 1989 "zauberhaft..."

Eberhard, I. *Sandmeere,* 4 Bände, komplett bei 2001, Frankfurt 1981. "Eine Abenteurerin erlebt in Männerkleidern den Orient zu Beginn dieses Jhdt.

Flaubert, G. *Reisetagebuch aus Ägypten*, Stuttgart 1963. "malerische und poetische Beschreibungen."

Galal, S. *Emanzipationsversuche einer ägyptischen Frau*, ohne Ortsangabe 1977. "klar und informationsreich"

Hammes, M. *Hexenwahn und Hexenprozesse*, Frankfurt 1977. "leicht und verständlich, detailliert"

Höll, R. *Die Stellung der Frau im zeitgenössischen Islam, dargestellt am Beispiel Marokkos*, Frankfurt / Bern 1979. "interessante Beiträge, u.a. zur vorislamischen Zeit."

Hosken, Fran P. *The Hosken Report, Genital and Sexual Mutilation of Females*, Lexington 1979. "schockierend, provozierend, zieht in Mitleidenschaft"

*Der Koran*, aus dem Arabischen übertragen von L. Ullmann, München 1959

Leßner, D. *Zur sozialen Lage der Frau in Entwicklungsländern: eine Fallstudie "Algerien"*, München 1978. "gute Ergänzung zu den Fallstudien Hölls"

Pollok, C. *Der gebannte Dämon - Arabische Frauen zwischen Phantasie und Wirklichkeit*. Analyse der weiblichen Romanfiguren in 'Midaq-Alley' und 'Miramar' von N. Mahfuz, Saarbrücken 1984. "reichhaltig, vielseitig, in allem, was das 'Weibliche' bietet."

Richter-Dridi, I. *Frauenbefreiung in einem islamischen Land - ein Widerspruch? Das Beispiel Tunesien,* Frankfurt 1981. "interessant: historischer Abriß der sozialen Stellung der Frau"

Saadawi, El N. *Tschador, Frauen im Islam*, Bremen 1980. "eines der wenigen Bücher über arabische Frauen, die hautnahe Erfahrungen schildern, unbedingt lesenswert!"

Timm, K., Aalami, S. *Die muslimische Frau zwischen Tradition und Fortschritt*, Berlin 1976. "umfangreich, aber größtenteils recht trocken"

Tweedie, J. *Die sogenannte Liebe*, Hamburg 1982. "für all diejenigen, die immer noch nicht wissen, was 'Liebe' ist."

## Sprachführer

Semsek, H.G. *Arabisch für Globetrotter*. Kauderwelsch-Band 2, Bielefeld 4. Aufl. 1989. "Basiskommunikation für Reisende. Praktischer geht's nicht. Ägyptisch."

## Romane

Choukri, M. *Das nackte Brot,* Nördlingen 1986.
Gelloun, T.B. *Der Gedächtnisbaum,* Berlin 1989
Lemsine, A. *Die Entpuppung,* Hamburg 1979
Ruete, E. *Leben im Sultanspalast,* Frankfurt 1989
Machfus, N. *Midaq-Gasse,* Zürich 1989, *Miramar,* Zürich 1989
Hussein, T. *An Egyptian Childhood,* Washington 1981
Salih, T. *Seasons of Migration to the North,* Washington 1980

# Reiseführer und Sprachbücher für Individualisten

## Peter-Rump-Verlag, Buddestr.15, 4800 Bielefeld 1

Ernestine Schneider
**Französisch für
Afrika-Reisen**

Band 8 der Reihe
"Kauderwelsch"

In 21 Ländern Nord-, West- und Zentral-afrikas, von Marokko bis Madagaskar ist Französisch die Hauptverkehrs- bzw. Amtssprache. Franzö-sischkenntnisse sind also in Afrika unbe-dingt erforderlich. Das vorliegende Buch richtet sich sowohl an den Französisch-Unkundigen(mit ver-ständlicher Gramma-tik, zusätzlicher Lautschrift) als auch an die Fortgeschrit-tenen, da das Afri-kanische Französisch ja in keiner Schule gelehrt wird. Beson-ders die reichhaltigen Hinweise auf Verhal-tenstips und das spezielle Vokabular machen dieses Buch für jedermann hilf-reich.

ISBN 3-922376-69-X
30 Abb., 126 Seiten
**DM 12.80** (Taschenf.)

H.G. Semsek
**Arabisch
für Globetrotter**

Band 2 der Reihe
"Kauderwelsch"

Der arabische Sprach-raum reicht von Ma-rokko bis zum Irak. Zwar ist die Schrift in allen ländern die gleiche, allerdings unterscheidet sich die Aussprache teilweise sehr stark. Das **Ägyptisch-Arabisch** ist der am weitesten verbreitete Dialekt. In seinem Buch benutzt der Autor konsequenter-weise das Ägyptische als Grundlage und er-klärt die Sprache an-hand einer einfachen Lautschrift so, daß es dem Reisenden sehr schnell möglich wird, mit dem Sprechen zu beginnen. Gerade in islamischen Ländern sind die vie-len Tips zum richtigen Verhalten besonders wichtig.

30 Abb., 120 Seiten
**DM 12.80** (Taschenf.)

David Werner
**Wo es keinen Arzt gibt**

medizinisches Gesund-heitshandbuch zur Hilfe und Selbsthilfe unterwegs

**David Werner** arbeitet in den Bergen Mexikos als Arzt und schrieb dieses Buch für die dortige Be-völkerung. Es ist mitt-lerweile in 27 Sprachen übersetzt worden und gehört zur Standardaus-rüstung eines jeden, der unterentwickelte Regionen bereist.
Die deutsche Ausgabe wurde für Reisende über-arbeitet und teilweise ergänzt bzw. gekürzt.Be-sonders für Individual-reisende ist es hilfreich, da es auf die **wirkliche** medizinische Situation sogen. unterentwickel-ter Länder eingeht und neben den typischen Krankheiten der Tropen auch viel Hintergrund-wissen vermittelt, indem es **alle** Gesundheits- und Hygienepropleme behan-delt und anleitet sich selbst und anderen zu helfen.

ISBN 3-922376-35-5, 320 S.
über 200 Abb., **DM 26.80**

---

**Kauderwelsch-Bände gibt es außerdem für:** Indonesisch, Arabisch, Tagalog
Spanisch (Latein-Amerika), Japanisch, Russisch, Französisch (Afrika),
Nepali, Kisuaheli, Portugiesisch, Hoch-Chinesisch (Mandarin), Pidgin-Eng-
lish (Papua), Thai, Brasilianisch, Schwedisch, Norwegisch, Kantonesisch.

# Thailand

Das exotischste Land Südost-Asiens zieht jährlich mehr und mehr Reisende in seinen Bann. Aber Thailand ist kein 'einfaches' Reiseland. Abseits der Hauptreiserouten spricht kaum jemand Englisch, Religion und Verhaltensregeln sind fremd, und es gibt so viel anzuschauen, daß man kaum weiß, wo man anfangen soll. Da bewährt sich ein zuverlässiges Reisehandbuch.

Rainer Krack
**Thailand-Handbuch**
für individuelles Reisen und Entdecken
Reihe "Reise Know-How"
432 Seiten
ISBN 3-922376-27-4,
DM 32.80

Rainer Krack
**Bangkok und Umgebung**
Handbuch für eine der faszinierendsten Metropolen der Welt und die Sehenswürdigkeiten in der Umgebung
Reihe "Reise Know-How"
280 Seiten
ISBN 3-922376-42-8,
DM 24.80

M. Lutterjohann
**Thai für Globetrotter**
Ein Sprachführer, zugeschnitten auf die Bedürfnisse des Individualreisenden.
Reihe "Kauderwelsch"
144 Seiten, Taschenformat
ISBN 3-922376-94-0, DM 12.80

*Peter-Rump-Verlag, Bielefeld*

# Malaysia

Relativ neu auf der "touristischen" Weltkarte steht Malaysia. Ein Land, daß sich in zwei völlig unterschiedliche Teile gliedert: Westmalaysia, das sich an Thailand anschließt und an dessen Südspitze Singapur liegt, und Ost-Malaysia, der Norden Borneos mit den urtümlichen Provinzen Sarawak und Sabah. Mit einem zuverlässigen Reisehandbuch läßt sich jede Region individuell bereisen:

M. Lutterjohann, K. + E. Homann
**Malaysia & Singapur**
**mit Sabah & Sarawak**
Das komplette Handbuch für individuelles Reisen und Entdecken.
Reihe "Reise Know-How"
544 Seiten
ISBN 3 – 922376 – 31 – 2, DM 32.80

K. + E. Homann
**Sarawak Handbuch**
für individuelles Reisen und Entdecken.
Reihe "Reise Know-How"
200 Seiten
ISBN 3 – 922376 – 90 – 8, DM 24.80

M. Lutterjohann
**Malaiisch für Globetrotter**
Ein Sprachführer, zugeschnitten auf die Bedürfnisse des Individualreisenden für eine der einfachsten Sprachen der Welt.
Reihe "Kauderwelsch"
144 Seiten, Taschenformat
ISBN 3 – 922376 – 47 – 9, DM 12.80

*Peter-Rump-Verlag, Bielefeld*

# ÄGYPTEN INDIVIDUELL

**Ein Reisehandbuch zum Erleben,
Erkennen und Verstehen
eines phantastischen Landes**

**von Wil und Sigrid Tondok**

Das **Handbuch für Reise-Individualisten** mit einer Fülle von Tips und praktischen Informationen: Es zeigt, wie man auf eigene Faust, preiswert und problemlos in Ägypten zurechtkommt. Und ein Reiseführer für Leute, die mit offenen Augen reisen, die nicht nur hastig die Pyramiden konsumieren, sondern das Erlebte vertiefen wollen. Denn unter dem Motto, "ein phantastisches Reiseland zu erleben, zu erkennen und zu verstehen" wird **Ägypten anders als üblich** vorgestellt:

● Das Land und seine Menschen verstehen

● Die längste Vergangenheit der Welt bewußt entdecken

● Dem schillernden Orient nachspüren

● Die Faszination der Wüste und die einsame Welt der Oasen erleben

● Die grandiosen Sinai-Gebirge durchstreifen

● Tauchen und Schnorcheln am Golf von Aqaba und am Roten Meer

Die Frankfurter Rundschau meinte: "So entstand ein wirklich informatives Buch, das sensibel mit dem Land, das es beschreibt, umgeht." Die GUTE FAHRT: "Das Motto des Bandes 'Erleben - Erkennen - Verstehen' wird voll realisiert. Eine hervorragende Arbeit."

7. Aufl., 475 Seiten, 74 Karten
40 Fotos, ISBN 3-921838-10-x

DM 29.80

Reisebuchverlag die TONDOKs, München

# Sanft Reisen! Aber wie?

Christian Adler
**Achtung Touristen**

*Der Beitrag eines Verhaltensforschers
zum Thema Ferntourismus nebst
Anregungen zum richtigen Verhalten
im Ausland.*

Stellen Sie sich vor: Es klingelt, Sie machen auf und vor der Tür steht ein Mann aus Papua-Neuguinea mit Lendenschurz und Kriegsbemalung. Ohne sich weiter um Sie zu kümmern, stürzt er in Ihr Wohnzimmer, in Ihr Schlafzimmer und macht Erinnerungsfotos. Er ist ein Tourist, der sich die ursprüngliche Behausung eines echten, deutschen Eingeborenen anschauen will. Was würden Sie tun?

*Christian Adler*, Verhaltensforscher und engagierter Weltreisender hat in verschiedenen Verkleidungen nicht nur "Tante Emma" nebenan "überfallen"... Seine Beobachtungen hier und in allen möglichen Ecken der Welt regen zum Nachdenken an und zur Überprüfung des eigenen Verhaltens.

Sein Buch ist eine eindringliche Bitte, nie zu vergessen, daß wir Touristen in Bali, Amazonien oder sonstwo Gäste sind. Ein Appell an Verständnis, Vernunft, Geduld und Toleranz, die wir alle bei unseren Reisen in ferne exotische Länder aufbringen sollten. Ein Ratgeber, wie wir erreichen können, auch in Zukunft gerne in fremden Ländern gesehen zu werden.

ISBN 3-922376-32-0
128 Seiten, viele Fotos,
DM 16.80

# PROGRAMMÜBERSICHT

REISE KNOW-HOW Bücher werden von Autoren geschrieben, die Freude am Reisen haben und viel persönliche Erfahrung einbringen. Sie helfen dem Leser, die eigene Reise bewußt zu gestalten und zu genießen.

Wichtig ist uns, daß unsere Bücher nicht nur im reisepraktischen Teil „Hand und Fuß" haben, sondern auch sorgfältig auf Land und Leute eingehen. Die Reihe REISE KNOW-HOW möchte dem Leser helfen, ihre Probleme besser zu verstehen.

Wir achten darauf, daß jeder einzelne Band gemeinsam gesetzten Qualitätsmerkmalen entspricht. Und um in einer Welt rascher Veränderungen laufend aktualisieren zu können, drucken wir bewußt kleinere Auflagen.

## WELT

Sigrid und Wil Tondok
**Im VW-Bus**
**um die Erde**
DM 24,80  ISBN 3-921838-09-6

Thomas Troßmann
**Motorradreisen**
DM 32,80  ISBN 3-921497-20-5

Joachim Nölte
**Um-Welt-Reise**
REISE STORY
DM 22,80  ISBN 3-9800975-4-4

Christian Adler
**Achtung Touristen**
DM 16,80  ISBN 3-922376-32-0

Helmut Hermann
**Die Welt im Sucher**
DM 24,80  ISBN 3-9800975-2-8

Heribert Seul
**Weltführer**
**für Reisen mit dem**
**Rucksack**
DM 19,80  ISBN 3-9800088-0-4

David Werner
**Wo es**
**keinen Arzt gibt**
DM 26,80  ISBN 3-922376-35-5

## EUROPA

Marita Korst
**Portugal-Handbuch**
DM 26,80  ISBN 3-923716-05-2

Hans-R. Grundmann
**Mallorca**
DM 26,80  ISBN 3-9800151-1-4

Barbara Rausch
**Ibiza-Formentera**
DM 19,80  ISBN 3-927309-05-2

Heike Wiest, Thomas Büscher
**Madrid**
**und Umgebung**
DM 24,80  ISBN 3-89416-201-5

Adriana Campi
**Barcelona**
**und Umgebung**
DM 24,80  ISBN 3-922057-03-9

Peter Meyer
**Korsika**
DM 29,80  ISBN 3-922057-18-7

Gabriele Kalmbach
**Paris**
**und Umgebung**
DM 24,80  ISBN 3-89416-200-7

## EUROPA

Sigrid und Wil Tondok
**DDR individuell**
DM 24,80  ISBN 3-921838-11

Peter Meyer, Barbara Rausch
**Jugoslawien**
DM 29,80  ISBN 3-922057-15

Edgar P. Hoff, Marita Korst
**Türkei-Handbuch**
DM 32,80  ISBN 3-923716-02-

Marita Korst, Edgar P. Hoff
**Zypern-Handbuch**
DM 26,80  ISBN 3-923716-04-

Peter Rump, Frank-Peter Herbst
**Skandinavien**
**- der Norden**
DM 29,80  ISBN 3-89416-181-

M. Karsten, F. Micus, J. Remme
**Fahrrad-Reisen**
DM 29,80  ISBN 3-922057-51-

Sprachbuch
**Skandinavien**
Schwedisch,
Norwegisch, Finnisch
DM 24,80  ISBN 3-922376-59-

## SACHBÜCHER:

Die Sachbücher vermitteln KNOW-HOW rund ums Reisen: wie bereite ich eine Motorrad- oder Fahrradtour vor? Welche goldenen Regeln helfen mir, unterwegs gesund zu bleiben? Wie komme ich zu besseren Reisefotos? Wie sollte eine TransSahara-Tour vorbereitet werden? In der Sachbuchreihe von REISE KNOW-HOW geben erfahrene Vielreiser Antworten auf diese Fragen und helfen mit praktischen, auch für Laien verständlichen Anleitungen bei der Reiseplanung.

## SPRACHFÜHRER:

REISE KNOW-HOW Sprachbücher sind Sammelausgaben (Sampler) mehrerer „Kauderwelsch"-Sprachführer. Allen, die mehrere Sprachregionen besuchen, bieten sie auf verblüffend einfache Art die Möglichkeit, sich ohne komplizierte Grammatikpaukerei mit Einheimischen in deren Sprache zu unterhalten. Die jeweiligen Einzelbände sind in der Reihe „Kauderwelsch-Sprachführer für Globetrotter" erschienen.

## REISESTORY:

Reise-Erlebnisse für nachdenkliche Genießer bringen die Berichte der Reise KNOW-HOW Reise-Story. Sensibel und spannend führen sie durch die fremden Kulturbereiche und bieten zugleich wertvolle Sachinformationen. Eine wertvolle Hilfe bei der Reiseplanung und ein Lesevergnügen für jeden Fernwehgeplagten.

## STADTFÜHRER:

Die Bücher der Reihe REISE KNOW-HOW CITY führen in bewährter Qualität durch die Metropolen der Welt. Neben den ausführlichen praktischen Informationen über Hotels, Restaurants, Shopping und Kneipen findet der Leser auch alles Wissenswerte über Sehenswürdigkeiten, Kultur und „Subkultur" sowie Adressen und Termine, die besonders für Geschäftsreisende wichtig sind.

# PROGRAMMÜBERSICHT

## AFRIKA

Klaus Därr, TCS
**Durch Afrika**
DM 49,80  ISBN 3-921497-11-6

Klaus Därr
**TransSahara**
DM 29,80  ISBN 3-921497-01-9

Erika Därr
**Marokko**
DM 34,80  ISBN 3-921497-81-7

Barbara Rausch
**Tunesien**
DM 29,80  ISBN 3-927309-04-4

Sigrid und Wil Tondok
**Ägypten individuell**
DM 29,80  ISBN 3-921838-10-x

Sigrid und Wil Tondok
**Kairo, Luxor, Assuan**
DM 22,80  ISBN 3-921838-08-8

Sylvia Schoske, Dietrich Wildung
**Tonführer:
Ägypten:
Luxor, Theben**
DM 29,80  ISBN 3-921838-90-8

Anne Wodtcke
**Westafrika**
DM 36,80  ISBN 3-921497-02-7

Maisie Därr
**Madagaskar**
Därr Reisebuch-VerlagsGmbH
DM 32,80  ISBN 3-921497-62-0

Manfred Pichler, Willy Puchner
**Die Wolken der Wüste**
REISE STORY
DM 24,80  ISBN 3-89416-150-7

Sprachbuch
**Afrika**
Französisch, Arabisch, Kisuaheli
DM 24,80  ISBN 3-922376-13-4

## ASIEN

Petra Brixel, Gerd Simper
**Nord-Jemen
Reisehandbuch**
DM 29,80  ISBN 3-921497-10-8

Barbara Rausch, Peter Meyer
**Indien/Nepal**
DM 39,80  ISBN 3-927309-02-8

Barbara Rausch
**Nepal**
DM 26,80          ab Herbst '90

Barbara Rausch
**Sri Lanka**
Vergriff., 6. Aufl. in Vorbereitung

Ursula Spraul-Doring
**Mit offenen Augen
durch Indien, Nepal
und Sri Lanka**
REISE STORY
DM 26,80  ISBN 3-922057-36-5

Brigitte Blume
**Birma Burma**
DM 26,80  ISBN 3-9800464-2-7

Rainer Krack
**Phuket/Thailand**
DM 26,80  ISBN 3-9800464-2-7

Rainer Krack
**Thailand Handbuch**
DM 32,80  ISBN 3-922376-27-4

Rainer Krack
**Bangkok
und Umgebung**
DM 24,80  ISBN 3-922376-42-8

Sprachbuch
**Himalaya**
Nepali, Tibetisch, Hindi
DM 24,80  ISBN 3-922376-23-1

Sprachbuch
**China**
Hoch-Chinesisch (Mandarin),
Kantonesisch, Tibetisch
DM 24,80  ISBN 3-922376-68-1

## ASIEN

Sprachbuch
**Südostasien**
Indonesisch, Thai, Tagalog
DM 24,80  ISBN 3-922376-33-9

M. Lutterjohann, K.u. E. Homann
**Malaysia & Singapur
mit Sabah & Sarawak**
DM 32,80  ISBN 3-922376-31-2

Eberhard und Klaudia Homann
**Sarawak-Handbuch**
DM 24,80  ISBN 3-922376-90-8

W. Jamann, Thoman Menkhoff
**Singapur**
DM 24,80  ISBN 3-89416-198-1

Peter Rump
**Bali & Lombok
mit Java**
DM 32,80  ISBN 3-922376-06-1

Karl-Heinz Knaus
**Sulawesi (Celebes)**
DM 29,80  ISBN 3-89416-180-9

Gunda Urban
**Komodo, Sumbawa
& Flores**
DM 29,80  ISBN 3-922376-60-6

Adrienne Truelove, Tina Pentes
**Reisen mit Kindern
in Indonesien**
DM 26,80  ISBN 3-922376-95-9

## AMERIKA

Hans R. Grundmann
**USA/Canada**
DM 32,80  ISBN 3-927554-00-6

Max Rauner
**Als Gastschüler in
die/den USA**
DM 19,80  ISBN 3-9800151-2-2

Jörg Lohmann
**Amerika von unten**
REISE STORY
DM 22,80  ISBN 3-9800975-5-2

Rainer Lössl
**Peru/Bolivien**
DM 29,80  ISBN 3-9800376-2-2

Helmut Hermann
**Traumstraße
Panamerikana**
REISE STORY
DM 24,00  ISBN 3-9800975-3-6

Sprachbuch
**Lateinamerika**
Spanisch, Quechua Brasilianisch,
DM 24,80  ISBN 3-922376-18-5

## AUSTRALIEN
## NEUSEELAND

Sepp Steinberger
**Neuseeland**
REISE STORY
DM 24,80  ISBN 3-921497-15-9

Edgar P. Hoff
**Australien-Handbuch**
DM 28,80  ISBN 3-923716-03-6

# Stichwortregister

# die Autorin

**Christine Pollock,** Dipl.-Päd., Jahrgang 56: "Schon als Kind ließ ich mich gerne von 'Kalif Storch', 'Zwerg Nase' und all den anderen Märchengestalten Wilhelm Hauffs auf dem Teppich meiner Phantasie in den Orient tragen. Sie beschäftigten mich selbst als Thema meiner Examensarbeit, für die ich 1974 auf meiner ersten Orientreise (Marokko) lebendige Eindrücke sammeln konnte. Weitere Reisen nach Ägypten, in die Türkei und durch Tunesien folgten. Die angehäuften Erfahrungen, die Lektüre islamischer Studien und nicht zuletzt der Kontakt zu algerischen, persischen und tunesischen Studenten schufen die Voraussetzungen für meine wissenschaftliche Arbeit über arabische Weiblichkeitsbilder anhand einer Romananalyse der Werke *'Midaq-Alley'* und *'Miramar'* von N. Machfus.